新时代开拓者的华章

——牧歌

◎ 杨海山 主编

中国农业科学技术出版社

图书在版编目（CIP）数据

新时代开拓者的华章 / 杨海山主编 .—北京：中国农业科学技术出版社，2018. 6
（牧歌）
ISBN 978-7-5116-3668-3

Ⅰ. ①新… Ⅱ. ①杨… Ⅲ. ①杨海山-自传 Ⅳ. ①K826. 3

中国版本图书馆 CIP 数据核字（2018）第 093156 号

责任编辑 张国锋
责任校对 李向荣

出 版 者 中国农业科学技术出版社
北京市中关村南大街 12 号 邮编：100081
电 话 （010）82106636（编辑室） （010）82109702（发行部）
（010）82109709（读者服务部）
传 真 （010）82106631
网 址 http：//www. castp. cn
经 销 者 各地新华书店
印 刷 者 北京建宏印刷有限公司
开 本 710mm×1 000mm 1/16
印 张 11. 75 彩插 6 面
字 数 136 千字
版 次 2018 年 6 月第 1 版 2018 年 6 月第 1 次印刷
定 价 48. 00 元

原北京农学院院长门常平教授与作者在北京科星饲料有限公司十五周年庆典会上

本书部分编委与原北京农学院原院长门长平教授合影

北京市饲料工业协会来公司指导工作与公司领导班子合影

公司总经理和北京中特养生物技术研究所总裁谭瑛、主编杨海山合影

高新技术企业

证书

企业名称：北京科星饲料有限公司　　证书编号：GR201711005425

发证时间：2017年12月6日　　有 效 期：三年

批准机关：

北京市科学技术委员会 市科委　　北京市财政局 市财政局　　北京市国家税务局 市国税局　　北京市地方税务局 市地税局

榮譽証書

楊海山同志：

你參加的產蛋雞無進口魚粉濃縮飼料的試驗與推廣應用項目獲八九年度平谷縣科技進步三等獎

平谷縣人民政府
一九九〇年三月二十八日

荣誉证书

杨海山 同志，长期坚持农牧渔业技术推广工作，做出了成绩，特发此证，以资鼓励。

中华人民共和国农业部

农牧渔业荣誉证书 9101高113 号　一九九一年十月

证书

北京科星饲料有限公司：

荣获“2009年度影响力品牌奖”特予表彰

其产品是：888-A猪浓缩饲料。

北京市饲料工业协会
2010年4月

证书

北京科星饲料有限公司：

你单位2009年度浓缩饲料产销总量前二十名

北京市饲料工业协会
2010年4月

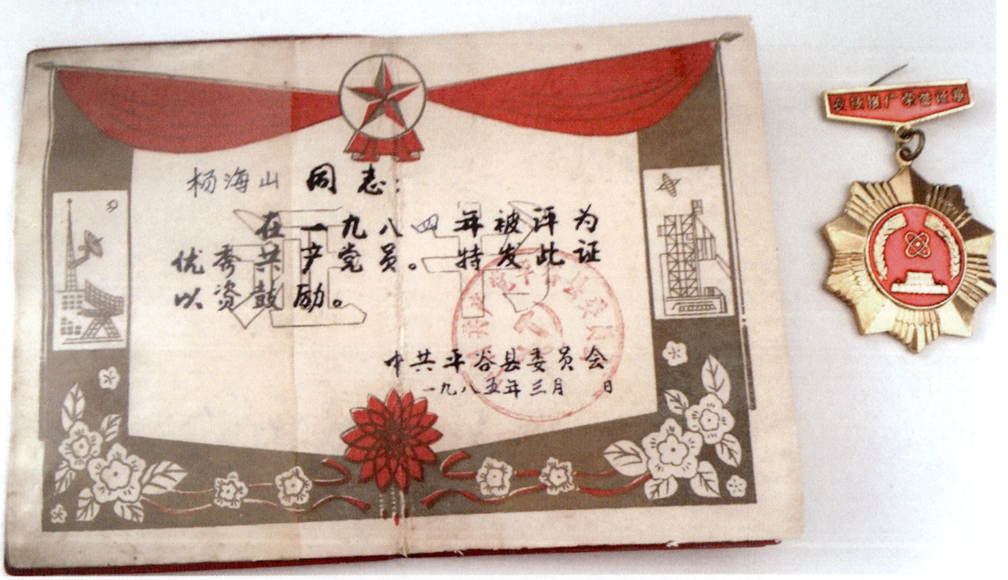
杨海山 同志：

在一九八四年被评为优秀共产党员。特发此证以资鼓励。

中共平谷县委员会
一九八五年三月　日

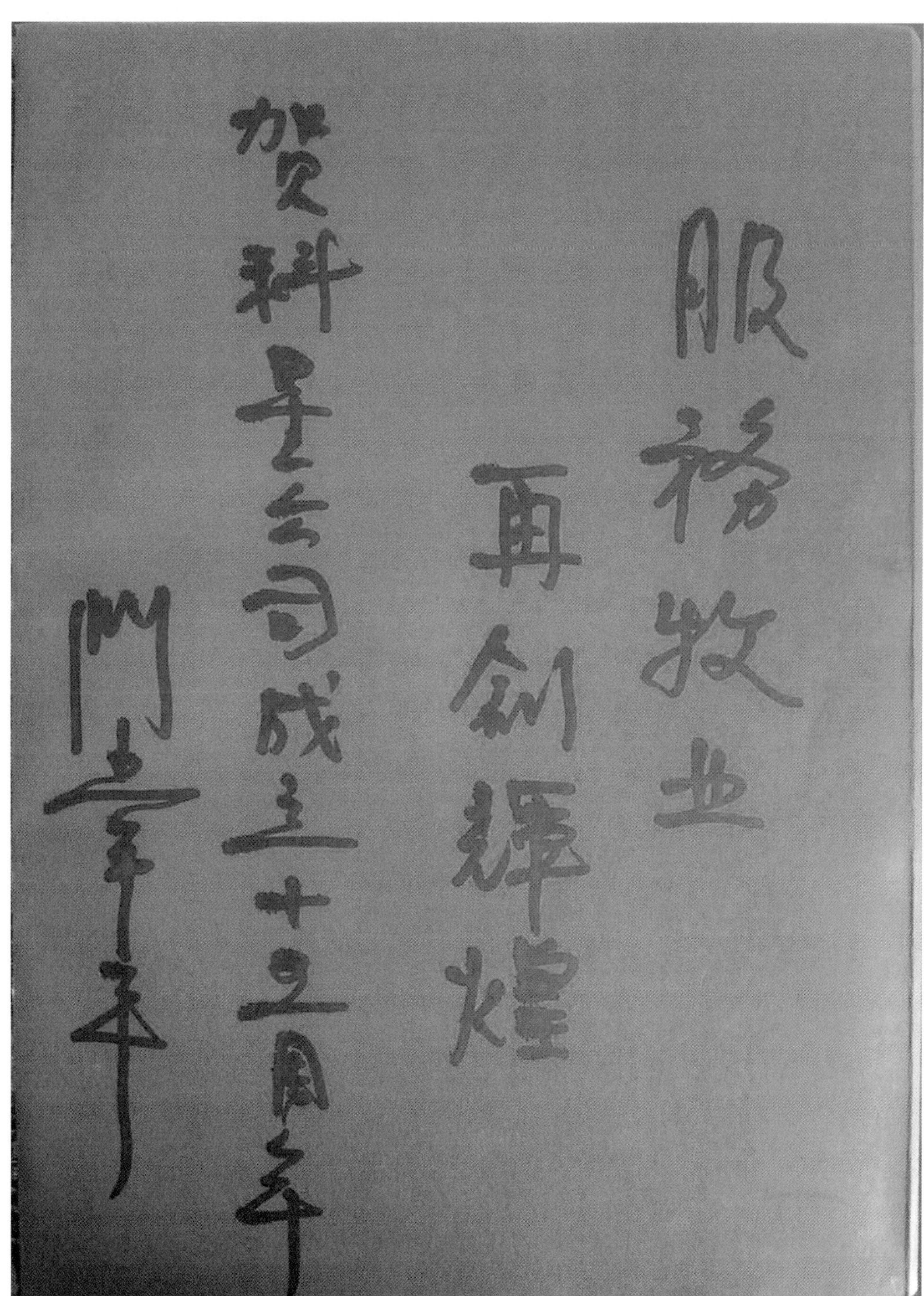
服務牧业
再創輝煌

北京正大智能化 300 万只产蛋鸡工厂

编 委 会

不忘初心　方得始终

2016年，杨海山同志《平凡岗位上的华章——牧歌》出版，受其委托，我为其著作作序，感受到他对饲料业的执着与奉献，平凡岗位上的不平凡。时隔两年，《新时代开拓者的华章——牧歌》也将付梓，在与辖区有关领导沟通汇报后，继续为其著作作序。我谨代表北京市饲料工业协会对杨海山同志不忘初心的热忱及秉烛而学的精神致以崇高的敬意！

时间是最客观的见证者。在改革开放的30多年间，饲料行业发展大致经历了三个发展阶段：20世纪70年代的起步创业阶段，80年代的快速发展阶段，90年代末进入相对成熟期，特别是互联网+平台的开启，为整个行业插上了腾飞的翅膀，如今我国已成为全球第一大饲料生产大国，作用举足轻重、不可替代。这是改革开放创造的一个奇迹，离不开行业前辈的探寻、耕耘与积淀，也离不开新时代从业者的继承、开拓与发扬。

千般故事，一种情怀。杨海山同志虽已离开饲料一线，但本书记录了峥嵘岁月中行业老模范、老同志、老前辈“逢山开路，遇水架桥”的奋斗事迹，为新时代的从业者勾勒出畜牧饲料行业的骨与魂。寒春、阳早夫妇的专注与赤诚，抗日时期平谷区第一任支部书记的奉献与牺牲等，都通过杨海山同志朴实却真诚的文字感染着我们，震撼着我们，鞭策着我们。

新时代是奋斗者的时代。2013 年 11 月，知识渊博、技术精湛、孜孜以求的北京中特养生物技术研究所有限公司董事长谭瑛，带着推动祖国毛皮动物产业发展的梦想走进了北京科星饲料有限公司，丰富了老饲料人杨海山的梦想，2017 年 12 月公司获得了北京市科学技术委员会颁发的“高新技术企业”荣誉。

新时代，新征程。2018 年是全面贯彻中共十九大精神的开局之年，也是饲料行业迎接新机遇、描绘新蓝图的起点，但“伟大事业需要几代人、十几代人、几十代人持续奋斗”。我们能强烈地感受到首都饲料行业从业者坚定不移、始终如一的情怀，抓铁有痕、踏石留印的恒心，正是这些奋斗者不忘初心、砥砺前行的斗志，才能实现饲料工业从“赶上时代”到“引领时代”的伟大跨越！

北京市饲料工业协会会长　汪秀艳

2018 年 3 月 1 日

为平凡的英雄喝彩

——为杨海山兄新作赠言

欣闻海山兄新书即将付梓，仍是“牧歌”系列，便有缘先睹为快。海山兄是畜牧业发展中的前辈，是这部辉煌历史的见证人，更是参与者。近年来他笔耕不辍，多方搜集素材，此前已有《平凡岗位上的华章——牧歌》（中国农业科学技术出版社）出版，以自传方式对几十年来的奋斗与坚守作了总结，其间穿插专业文章，胜在以小见大，字里行间透出真情，获得业内不少专家同仁的赞誉。但海山兄作为“完美主义者”，已经多次表示该书有几处遗憾：比如对专家学者前辈们的经历描写不足，解放前后的畜牧业历史没有体现等。此次收到书稿，发现海山兄有的放矢，已将“遗憾”一一解决，全书以一种新风格呈现在读者面前。

本书有历史的长度——寒春、阳早夫妇在20世纪40年代来华养牛60年，旷世逸才为中国奶牛养殖奉献一生。本书有历史的宽度——冀东根据地平谷地区第一个党支部第一任书记王世勋同志的事迹集中体现了畜牧人爱国救国，永不屈服的顽强与坚韧；

首任平谷县畜牧兽医站站长赵奎三同志的事迹则反映出畜牧人创业的艰辛和披荆斩棘的魄力。本书有历史的多维度——有一线畜牧工作者，也有监管者；有“特殊时期”在困境和停滞中的永不言弃，也有“春天的故事”里走向现代化和国际化的欣喜；赵学军、赵金祥、杨小平等同志在各自的岗位上为新时期我们伟大的事业增光添彩。

这一切读来给人启迪，让人感动。上述这些同志，包括海山兄，都是在平凡岗位上做出业绩的平凡人。但我们能够感到，是他们和更多的畜牧业同仁一同铸就着精神，贡献着力量，推动着我们的畜牧事业从弱到强，告别困境，直到跨越式发展。这些平凡的人们，正是成就我们今天畜牧业的英雄，是为国家富强和人民幸福奋斗不息的平凡的英雄。

让我们为平凡的英雄喝彩！也祝愿祖国繁荣昌盛，畜牧业迎来新时代的大发展！

刘世明

2018 年 1 月于广州

作者简介：刘世明，兽医专业二级研究员，原内蒙古畜牧科学院副院长、内蒙古农牧科学院总兽医师、内蒙古草原勘察规划院院长。

抗战的鱼子山

一九三八不平凡
红旗插上鱼子山
从此有了共产党
全民抗战总动员
日寇强盗无人性
三光政策洗三遍
铁打堡垒根椐地
抗战烽火大地燃
四纵领导运帷幄
英雄辈出十三团
根据地里大后方
联合县委非等闲
军民团结如一人
前赴后继勇向前
不畏艰难好传统
中华民族红旗艳

大峡谷

斧劈神工群山中
万丈悬崖闻水声
五潭相连映日月
谷内凶险路不通
两边峭壁一线天

巨石林立露峥嵘
峡谷阴森增寒意
抗日时期聚英雄
后勤保障兵工厂
人背肩扛火热情
冀东军区根据地
驱逐日寇建奇功
如今旅游一胜地
观赏再现当年景
不忘初心激壮志
砥砺奋进中国梦

送军粮

革命意志坚如钢
信念忠贞跟着党
不怕牺牲抗日寇
哪惧艰难为解放
中华民族好儿女
前赴后继美名扬
继承革命好传统
红色江山万年长

作诗人马品旺简介：北京市平谷区小北关村人，在小北关村委多年任经委主任，小北关村史作者。

为畜牧人辛勤劳作而点赞

一、畜牧业是农业重要组成部分，纵观平谷畜牧业发展史，由传统生产向现代化生产发展的过程与成就，都离不开党和国家正确领导，都离不开国家政策的支持与帮扶，离不开从事畜牧兽医事业所有畜牧人的不断进取拼搏和奋斗。我作为平谷畜牧人中的一员深有感触。

时至今日，在以习近平总书记为核心的党中央的正确领导下，我国已迈进了中国特色社会主义新时代，全面建成小康社会已成定局。中国社会主要矛盾已发生历史性变化，人民日益增长的物质文化生活需要也不是只解决温饱问题，而是生活更加美好的需要。在我有幸拜读了杨海山同志撰写和编辑的《平凡岗位上的华章——牧歌》和《新时代开拓者的华章——牧歌》两本书后，感慨万分。他的开篇之作歌颂的不是他自己，而是曾经教授过他的老师，老教授、老领导、老同事、老同学，平时默默无闻，而朝夕相处，辛勤劳作，专注工作的普通畜牧人是在工作中支持帮助过他的老朋友。为这些畜牧人歌功颂德，更是地地道道的爱国之情。我在此向这些为在畜牧事业发展中帮助农民养殖致富做出贡献的畜牧人致敬。也为作者杨海山的成功之作表示感激和祝贺。把这两本书推荐给读者，将对今后畜牧人继续在新时代及时转变工作重点，为动物卫生事业起到激人奋进的作用。

赵延扣

2018 年 3 月 5 日于平谷

赵延扣简介：1961 年初中毕业后担任本村生产队猪场饲养员，至 1973 年调平谷县革委会生产组，主管畜牧，后调到大兴庄乡党委书记，又调畜牧局任副局长，后任平谷农业局副局长直至退休，一生与畜牧业结缘。

前　言

《平凡岗位上的华章——牧歌》出版后，我得到些赞扬，更收到老师、同学、同行、朋友的建议和指正，总的来说共分三个方面。

一、通过自传方式和少数专家的技术短文录入，但局限性很大，没有详细突出描述专家、学者、教授的风采。

二、应把解放前和解放初期的畜牧人的风采作以记述。

三、更应对解放初期直到改革开放以来畜牧人的风采故事作以记述，把畜牧业在发展进程中的人和事表现出来并作以描述。

根据读者的建议，我采集了解放前和解放初期一些畜牧人为祖国人民解放和畜牧业的发展而奋斗的故事，但采集面很窄，局限性很大。描述了寒春、阳早夫妇为人民谋幸福的伟大信仰，养牛60年的故事及编者的感想。并以此作为本篇文章的先导。编者将抗日战争时期畜牧人抗日的故事写入书中，经编者深入调查走访整理出本故事，供读者一阅。

冀东抗日战争革命根据地在平谷地区的第一个党支部的第一

任党支部书记王世勋的故事记述了这里解放前贫穷落后，人民受日本帝国主义侵略和欺压，也记述了中国人民跟着共产党积极抗日的故事，以及解放前的祖国畜牧业落后和畜牧人的抗日斗争故事，为后人留下可歌可泣可赞可学可怀念的革命故事。第二部分简述畜牧人为畜牧业现代化而努力奋斗的片段。大部分内容是亲临者的述说或自己的写述，充分展现成立新中国以来，畜牧人一代一代的努力拼搏、开拓进取，使祖国的畜牧业不断前进！第三部分简述畜牧人努力开拓创新，使祖国的畜牧业走向新时代，迈向现代化，使广大农牧人过上和城市人民一样的幸福生活。在以习近平为核心的党中央的领导下，农牧民走向新时代，迈向更伟大的新征程，夺取新胜利！

写此书献给 1967 届北京农业劳动大学畜牧兽医系毕业 50 周年的同学们，以及辛勤培育学子们的老师们和不断创新不断开拓前进的同行们！

目录

第一部分　永远怀念他们

第二部分　解放以来开拓者的华章——牧歌

第三部分　畜牧业进入新时代，步入新征程
——向现代化产业进军

第  部分

永远怀念他们

第一章

伟人在平凡的岗位上

编者序：偶然间，我有幸拜读了度公子的网络推文“造出核武器的她，本可冲击诺贝尔奖，却跑到中国放牛六十年”（选自微信订阅号“度公子一日一度”选读）。让我感触颇深、心情久久不能平静、难以释怀。她与爱人阳早在中国放牛六十年的感人事迹，惊天地泣鬼神，使我深受感动。她是我们畜牧人中特别的先行者和践行者。为了表达对这一外国友人深深的敬意，我要在本文的首章首节首页中写进去，把他们的英雄事迹分享给更多的读者。本章分三节表达，不当之处，敬请批评指正。

《伟人在平凡的岗位上》主要介绍阳早和寒春夫妇放弃舒适的生活和优越的工作条件，毅然来到中国，和中国人民并肩奋斗的故事。曾经前程似锦具备冲击诺贝尔奖实力的寒春，为了爱情，不远万里来到中国，与丈夫一起参加中国人民解放事业，参与中国人民的社会主义建设事业。在民生凋敝百业待兴的解放初期，默默耕耘、艰苦奋斗六十载，为中国的奶牛事业奉献一生，无怨无悔，于平凡中彰显伟大，深沉而厚重……

寒春陽早

第一节　“寒春”中国名字的来历

翻开尘封的历史，回溯那个曾经血与火的年代，一个普通而不平凡的名字映入眼帘：寒春，美国名字琼·辛顿。1921 年 10 月生于芝加哥，祖父乔治布尔是大数学家，祖母是革命小说《牛虻》的作者。科研与革命的双重血脉，为她一生埋下了伏笔。母亲身为教育家，非常重视对她的价值引导，告诉她要成为造福人类的人。

理科天赋崭露，她选择成为核物理学家，她在威斯康星大学硕士毕业之后，又师从诺贝尔奖得主弗米。弗米成为核弹计划的负责人，23 岁的她被选为助手。

1945 年，两颗原子弹在广岛长崎投放爆炸，15 万日本平民惨遭涂炭。琼·辛顿震惊了，这是活生生的血和肉，死去的和我是一样的人，把科技用于武力太可怕啦！自幼立志为人类谋幸福的女孩，眼睁睁地看到无数生灵被残害，猛然间意识到科学研究用于暴力所带来的后果是多么残忍和严重。她发现，“原来无论我们研究什么，最后都会被军方拿去做武器”。遭到打击的她选择读博士，她很快发现连奖学金都是美国军方提供的；在进退两难之时，远在中国的哥哥韩丁，正对这个国家赞不绝口。当时他的中国朋友阳早作为联合国的畜牧专家在中国从事后方建设。通过阳早，她知道中国正在发生变化，中国人民在中国共产党领导下，用小米加步枪抗击侵略者，共产党一心为人民服务，正在建设一个崭新的世界。当时琼·辛顿读到著名的《西行漫记》，她开始把目光投往中国，她决定到中国看看这个正焕发理想色彩的国度。

作为小公主的琼·辛顿，从小衣食无忧，不知什么是贫穷，一直接受良好的教育，才艺双馨，前程似锦。她是弗米最器重的女弟子，极有可能成为诺贝尔奖得主。在芝加哥读博士期间，她的同门师弟便是杨振宁。但她冲破了家人的百般阻挠毅然决然地离开了令她厌恶的美国。

1948 年，琼·辛顿抵达中国，在宋庆龄的安排下，顺利地到达延安。她被这里的景象惊呆了，在这个黄沙漫漫战火纷飞的延安，在共产党的领导下，老百姓翻身做主、平等相待、不分贵贱高低。可以相互批评，生产热情和革命激情空前高涨。最让她感到诧异的是共产党受人民拥护的程度。她说：“我从来没见过哪一支军队，能这样深受老百姓的喜爱。”

1947 年，胡宗南率领 27 万军队进攻陕北解放区，当时阳早负责保护奶牛，跟随中国同事一路撤退，将几十头奶牛保护下来。这一路阳早看到沿路老百姓为共产党充当耳朵、眼睛和手，毛泽东用两万兵力打败国军。他想：“以弱胜强，功在民心，以后一定是得民心者得天下。”

次年初春，琼·辛顿到延安和阳早重逢。她与阳早在窑洞里结为夫妇，过上了解放区的生活。

哥哥在中国的名字叫韩丁，于是她给自己起了一个同音不同字的“寒春”。寓意寒冷的冬天即将过去，温暖的春天即将到来。

第二节　为中国养牛事业奋斗一生

本节读后感（编者）

寒春曾说：这里的人们生活简朴，但他们一直在努力建造一个理想的新世界，这让我找到了新的信仰。诚然，寒春阳早正是在这样的理想信念下，默默耕耘、无私奉献，用自己的青春和汗水，践行着他们的梦想和诺言。六十年的养牛实践，只为让中国人民能喝上可口新鲜的牛奶，为人民的幸福，为解放全人类甘愿奉献出自己的一切。真心为人民、无怨无悔，一言一行让人动容，所作所为，引人瞩目，为人民谋幸福，为养牛事业现代化而奋斗，何等的平凡，何等的伟大。下面，编者满怀敬意将他们夫妇的感人故事表述如下，以飨读者。

寒春说："这里人们生活简朴，努力建造一个理想的世界，这让我找到了新的信仰。"

很快，寒春就精神焕发跟丈夫阳早一起放牛劳作。

为了提高百姓们的生产力，寒春用战争留下的废零件，自己琢磨着做了许多机械，为了改善各地区牛羊品种，越是艰苦的地方他们越愿意去，跑到陕北和内蒙交界的牧场，在那个荒凉的地方日夜工作，连新中国成立的事都不知道。

1952 年他们带着 1 000 头奶牛赴西安农场，一待就是 11 年，物质上，两人从无任何抱怨。有一次寒春突然病倒，因为没药，阳早只能掉眼泪。而牧场的人们为这两位可亲可敬的人经多方努力找来了青霉素，使寒春转危为安。

就在寒春、阳早努力为中国养奶牛时，1953 年美国《真相》杂志突然刊登了一篇文章，将寒春描绘成逃跑的间谍，在美方判定，寒春这样一个掌握大量机密的核物理学家，突然离奇失踪，而且出现在中国，只有一个原因，那就是帮中国人研究原子弹，制造核武器。

可是美国人根本就不知道，也想不到寒春早就对"核"深恶痛绝，别说是核武器的研究，西安一所大学力邀她当教授，都被她毫不犹豫地拒绝了。当时寒春一心扑在养奶牛上，每天想的都是怎么提高奶牛产奶量。她说："共产主义不需要原子弹，需要每个人喝上牛奶。"

当时的寒春最崇拜的人是毛泽东，真正将为人民谋幸福当成自己最高的信仰。

丈夫阳早担任副厂长，工作起来比任何人都负责，面对不认真的同事绝不含糊，而且还发扬延安精神，要求大家自力更生，互相帮助。

他们夫妇明明能拿到很好的待遇却和大家一起吃大灶，同吃同住。国家补贴 5 000 元专家费，两个人都同时表示不需要。因为是优秀技术人员，阳早能领到好的香烟，他把好的中华烟散发给同事，自己拿着烟斗抽旱烟。

寒春将产奶量一升再升，做的科研项目得了大奖，她却不要奖金，把奖金留在场里作科研费用。

这十年，是中国最穷最痛的时代，他们从没想要离开这里。大跃进时，组织要养鸭子，非要 5 只鸭子孵 5 万只，阳早一听，人都吃不饱了，养那么多鸭子不就是瞎胡闹吗？果然，鸭子孵到一万只后，不少都为了找吃的跑啦！

到了浩劫来临之时，两个人离开了农场，被调往北京参与翻译，两个人都很不高兴，更不高兴的是两个人住进新桥饭店，并给特殊照顾和待遇，寒春在屋子里抱怨："这算什么！我是有信仰的，凭什么我们受好的待遇！"他们强烈要求回养牛场养牛，都被组织拒绝。后来又写了大字报，要求回牛场，得到毛泽东的批示，同意他们的要求和中国老百姓一样，终于又过上了"苦日子"。这就是他们的信仰和追求。他们的理想就是在中国，为支持中国人民的解放事业，为了共产主义事业而默默奋斗。

从延安到北京，寒春与阳早夫妇将科研精神全部用在了养殖领域。她学的核物理，并不懂机械，就从大图书馆里找资料，按照书本知识反复研究，改良研究制造了一批优质器械。

寒春一生有三个子女，因为每天都扎根在农场，一门心思扑在工作上。她连教孩子英语的时间都没有，三个孩子的英语，是到美国留学期间才学会的。

她早上 5 点就到牛场上班，一直忙到天黑才回家。她一心扑在养牛场里。不断研究、探索，刻苦攻关，一心培育高产奶牛，提高产奶量。让更多的中国人民能够喝得上牛奶，喝得起牛奶。

1974 年，作为考查顾问，寒春、阳早随中国考察团，前往美国做奶牛机械的考察，寒春给考察团的印象是“这个老太太太抠啦。”在 60 天的考察中，大家没有一天进饭馆吃饭，没住过一天宾馆，全是寒春带着大家去华侨家蹭饭，晚上在华侨家打地铺，她把省下来的经费全部买了奶牛养殖设备。

她不因自己的工资不高，而要求国家出资，每次出国都是她自掏钱购买先进设备，源源不断地送进奶牛场。寒春说：“钱是国家给的，花在牛身上是应该的。”

有一次，众人视察农场，看到牛场的牛棚铺满鹅卵石，寒春突然跪在地上“太痛苦啦，你们也来试一试，”随行的一位副场长蹲下来，用手掌压了压，确实不舒服。

人性化养牛的理念，当时很少有人理解，大多数人认为，牛就是牛，吃饱没病就好，寒春却试图让人去理解牛的感受。她设计的牛场非常人性化，挤奶时尽量让牛少走动，怎样让牛方便，就怎样来。

因为有这样细致的理念，她先后得了工业部科技进步奖，把产量不足 7 000 公斤的奶牛改良为年产奶 9 088 公斤，个别甚至超过 13 000 公斤。

那时的寒春、阳早，在北京享受副部级待遇，有很好的房子，却并不去住，一直住在昌平沙河小王庄，一个农机院试验站的小房子里。家中的陈设十分简陋，连设计器械的办公桌都是自己捡来的木料手工制作的。自从他们来小王庄奶牛场后，小王庄奶牛场一直以优质、纯净、高产、低耗而闻名全国。寒春研制的直冷式奶罐填补了国内空白，牛场先进的成套设备、设计，相继在全国推广应用。

如果不是寒春的默默耕耘，中国养牛饲养机械化将会来的晚得很多。

第三节　为全人类解放而奋斗

寒春不止一次说："我来中国不是为了养牛，而是为了我心目中的信仰。"

她所谓的那个信仰，就是为了一个人人平等的社会，那里是人人为我，我为人人，愿意彼此牺牲，互相帮助。这就是她的信仰和理想。

23 年里，她住在乡间的小平房里，除了电冰箱、电视机外，所有家具不值 2 000 元。如果卖给收旧品的，100 元人家也不要。

80 年代，牛奶紧缺，有人想往牛奶里掺水，她第一个站出来反对，在她看来，名利和利润不重要，重要的是守住根本，坚定信仰！她说："一个国家，大家都为了钱活着，那么谁来推动社会的进步？谁又来为人民服务。"

2003 年 12 月，丈夫阳早因病去世。在新华社发布的讣告中，寒春执意要求加上一句："为全人类的解放而奋斗。"

在寒春看来，自己和丈夫一生追求莫过于此。就是"为全人类解放而奋斗终生"。

阳早去世第二天，有关领导去看她，她只字不提丈夫的后事，关心的是另外两件事。

其一，牛场丢了9头牛，牛的亲属链断了，损失很大；另外"大学城"要占奶牛场，那我的牛怎么办？

阳春走后，她依然节衣缩食，穿着破棉袄，戴着破军帽。面对日新月异的新中国，她很多时候都开心不起来，她说："现在人都顾着赚钱啦，不像当初我来到这里的时候，大家的心都是透明的。"

2004年83岁高龄的她，领到中国首张"绿卡"，很多外国媒体问她："一生是否有过遗憾"，她十分坚定地回答："我参与了20世纪最伟大的两件事，原子弹和中国革命，这就足够啦！"回首走过的那段岁月，她说："从小学到研究所，我都很幸福，但比起我站在人民之中，与大家一起改造社会，用双手建立一个没有人压迫人，人剥削人的美好富有的国家而言，原来的幸福观是多么狭隘啊！"

2010年，寒春在北京病逝，平静地告别了她热爱的中国。

编者感言：

异国他乡、倾其一生，默默养牛六十年，只为兑现一生的信仰与承诺，执念"为人民服务""为全人类的解放事业而奋斗"，为百姓谋福祉、为国家做贡献。身为一名外国人，值得所有中国人民尊敬和缅怀。

寒春阳早的感人事迹，深深地触动了我，并激发我进一步挖掘畜牧人中的感动。于是便有了第二章的故事。那是讲述在抗日战争时期，中国共产党在冀东西部建立的农村第一个党支部，第一任党支部书记王世勋的事迹。他的事迹体现了一名共产党员对党的忠诚：在艰苦的条件下，一心为党、一心奉公、“为实现共产主义而奋斗”是他永恒的追求，是他一生的信仰和奋斗目标。下面，就让编者带您走近那个战火硝烟的年代——

第二章

放羊娃走上革命路

——记平谷农村抗日时期的第一党支部书记

贾贺久、贾景泰口述，杨海山整理

本章序言

放羊娃指的是抗日战争时期冀东西部地区农村第一个党支部的第一任党支部书记王世勋。王世勋，1908 年生，1948 年离世。王世勋弟兄四人，排行老四，三哥王世发也是当时第一党支部委员。因工作需要，经党组织决定安排，王世勋调至平谷县城工作（做党的秘密联络站，并在周边地区发展党的地下组织），王世发接任党支部书记。在二十世纪二三十年代，王世勋家庭兄弟多，家境贫困，靠父亲带领兄弟四人开垦山坡荒地，栽培果树，种植谷子、杂粮度日。当时根本提不上什么养殖，养家糊口都很难（当时的中国国情就是这样，人民在水深火热之中，受封建主义、殖民主义、帝国主义三座大山的压迫，吃不上，穿不上）。在 30 年代末到 40 年代初，共产党八路军到这里领导人民抗击日本侵略，使人民得解放。王世勋和三哥王世发在党组织的培养教育下，思想和文化水平不断提高，被党组织培养成中国共产党党员，在鱼子山地区领导广大农民保护八路军，送情报，送军用物资，保护和转送伤病员。日本帝国主义在鱼子山、桃棚地区实行烧光、杀光、抢光的三光政策，还在这里围攻老百姓，曾在这里圈杀鱼子山人民，造成远近闻名的“鱼子山惨案”，但没有吓倒鱼子山、桃棚人民。“打不垮的鱼子山”革命事迹，留传至今。王世勋同志在抗日战争时期忠于党，忠于人民，受到党组织重视，在抗日时期党领导农民打土豪分田地，他分得五亩平川好地，由于他和他的两个儿子都参加革命（两个儿子参加了八路军，在抗日战争时期死于战场上，家里土地只能靠爱人、女儿和年幼的小儿耕种，农忙时找人帮忙来维持生活。这充分表明共产党人只顾大家不顾自家，一心干革命的精神，我们后人应永远怀念他们，使他们的革命精神永远传颂下去，使他们的革命精神发扬光大。

我到平谷区山东庄镇桃棚村冀东抗日根据地旧址参观，这天解说员带领我爬上了桃棚西山坡，来到片石这个革命圣地。

只我一个人，但解说员还带我面向烈士纪念碑和一排排的烈士墓三鞠躬，表达对他们的敬仰、怀念和追思。解说员还带我到根据地旧址参观，他认真细致的讲解，使我真实地了解了抗日战争时期根据地人民在党的领导下，不怕日本帝国主义的杀光、烧光、抢光的三光政策，坚持抗战到底的革命故事。笔者只把了解到的一些抗日故事写出来，表示对先躯们的怀念和追思。

我通过他们的后人述说，写出抗日时期八路军在平谷地区创建的第一个党支部，第一任的党支部书记王世勋的革命故事片段。展现这里的人民不屈不挠英勇抗战的故事，表现共产党员的坚定信仰和革命必胜的信心。鱼子山和桃棚村，这里是抗日时期的铜墙铁壁。悲壮惨烈的血案，没有吓倒这里的人民，反而促使他们更坚强地守护着这里的八路军。为夺取抗日战争胜利，人民得解放而奋斗。

站在高高的片石山梁上，回望庄严矗立的烈士纪念碑和密密麻麻的烈士墓，心情久久难以平静。这正是：

青山巍巍埋忠骨，烈士英名万古传。

革命人民永不忘，复兴大业终实现。

沿着烈士脚印走，人民江山万万年。

桃棚、片石山上的革命烈士纪念碑

第一节 山 路

1945 年 6 月，一个静谧而不平常的夜晚，月如弓，星璀璨，微风轻拂，弯弯曲曲的山间小路上两个神秘的身影在急匆匆地赶路。这里由山下到山梁，一坝一坝的梯田上，长满了柿子树。棵棵粗壮，枝繁叶茂，树枝杈四散像一个大雨伞，一到秋后，满山坡的柿树都挂满了金黄色的柿子，又有变红了的树叶相伴，好似人由此路过，棵棵都在与你微笑，真叫人恋恋不舍。这个山岭就是山东庄村东北角在过去通往鱼子山必须经过的“树坝岭”。

他们俩人急步走在山东庄的小路上不敢吭声，连咳嗽都要捂着嘴不敢出声，怕被人发现，被拦或被敌人抓到。小贾助理紧跟王世勋书记后边，他们爬上山坡，又穿过横岭子山，因这个山是东西走向，东头是鱼子山山口，到这约一公里，好似横在大路旁，如果没有这横岭山，翻过树坝岭山梁，步入鱼子山村的山沟土石路，就快到鱼子山啦。

树坝岭是南北走向，横岭山是东西走向，两山相连形成一个大夹角，夹角中是一大片梯田，这里是鱼子山村山口外边的部分土地，是鱼子山村人民祖祖辈辈耕种的土地。

沿横岭山往山下走，又是一个山洼，在山路两边长满了核桃树，也夹杂着桃树、杏树、山里红树，还有栗子树。勤劳的鱼子山人民就靠这生活。

他俩下了山坡，刚要进入山谷中的土石路，忽然看到一个人朝他俩走来，世勋小声问："你是谁？"，这个人马上问："您是王书记吧？"世勋马上问："你是风宽兄弟吧？"，风宽马上回答："是，今天是我值班来接您！"两人则一起小声交谈几句，世勋说："今天回村后，得先到上边找领导汇报，咱得抓紧走。"风宽说："您慢走，要注意安全。"世勋说："是的。"他们对话的声音很小，是贴近到脸的交谈，他们的警惕性都是自然形成的。

他们敏捷的脚步往山里走来。走过了高立坎，走进了路堆山，绕过了小麻子峪和大麻子峪，来到了鱼子山村下。鱼子山村在井台山西侧的山脚下，北侧就是井台山西南侧的脑夹沟。这里山林密集，两侧悬崖峭壁，抗日战争时期鱼子山人民正是靠这自然天险与日寇捉迷藏。

鱼子山村在这个山脚下，是一个高山岗，要去山里，去桃棚村必须经过这个村的南门坡和北门坡。这两个门坡易守难攻，因为西侧是一个山谷，两边悬崖峭壁，中间形成一个河谷，河谷中山石林立，无路可行，在夏季满山谷的洪水流过，人们更无法通行。

鱼子山南门坡长约 300 米，是用石板砌成的，南门是两层，与城里的城门一样，下边人可通过，有大门守护，上边有人看守和瞭望，北门坡长约 200 米，北门坡门和南门坡门一样。

他们走过鱼子山村，与贾助理说，我们往前走，就要蹚着水过河走，不要脱鞋，你跟着我走，咱们走东侧河沿，一定要紧跟着我，不小心就会掉河沟或落入深水区。这时，有一个人走上前来，小声说："弟，你回来啦！"世勋问："三哥，今天你值班？"这人说："是，首长通知我来这里接你们，怕河水大不好走。"世勋说："首长记得好，真关心我！好，三哥你带路，你比我熟悉这雨后的山路！咱抓紧回家！"（三哥：是指当时党支部党员王世发，是王世勋三哥）。

就这样，三个人摸着石头过河，有时还得抱着大石头或抓着石头过河；要走过这个河谷最快也得半个小时；这里很不好走，如不熟悉，会掉河沟深处，约两米多深的河中（这个河谷经60年代至90年代的鱼子山人民多次修整才形成今日的平整沥青路）。

他们绕过几个山弯。路的两旁大多是悬崖峭壁，有时两边或一边也有陡坡，陡坡上长满了橡子树，树叶在沙沙作响，好像在欢迎他们的归来。他们爬上去桃棚村的石坡路，这个村在这山坡上边，在山坡下，基本看不到村子里的房子，爬上坡就看到村子。

他们走到村旁，碰上于希元在村口处站岗，世勋与希元说了几句话就带着贾助理一起回到世勋家。

在抗日时期，不仅夜间有人在村口站岗放哨，白天也有民兵和儿童团在村旁高处探望、站岗、放哨；因为这里是抗日根据地，是冀东十四分区和八路军十三团所在地，领导机关在这里，是党的组织机关秘密所在地。民兵和儿童团一发现风吹草动，都及时上报或带到村公所或及时报告到村公所。这里的人民个个警惕性高，认真负责。

鱼子山和桃棚村人民在十四分区领导和八路军十三团首长的指引和以王世勋为支部书记的党支部领导下，表现出中华民族一往无前的英雄气概，作为平谷抗日堡垒村和抗日根据地，他们担负着送情报，转移和运送抗日物资，救治伤病人员等支援前线工作。他们不畏艰险，不怕牺牲，保证前线和后方的抗日工作安全开展，为平谷抗日战争胜利作出重要贡献。

抗日时期的鱼子山南门坡旧址

第二节　放羊娃走上革命路

早上王世勋去根据地领导驻地汇报工作后回到家，他把小助理叫到跟前说，昨晚在路上你要我讲我的故事，路上不能讲话，只能静悄悄地赶路，现在我抽点时间给你讲一讲，我的故事很多，今天重点讲一些，今天晚上你住我这里，明天你会有任务，明天起早上路。好，现在开始。

就从我 9 岁开始讲吧！我 9 岁就开始给家里放羊，每天早上

兵工厂遗址洞口正面

太阳爬上东山一露头我就起来赶着家里的一只母羊、二只公羊和三只小羊，上山坡吃草。这年冬天，快到春节，我和父亲去平谷集市卖两只公羊，顺便又购买了一只公山羊，我父亲说，买这只公羊做种用，把家里的公羊到春节杀掉，大家快快乐乐地过个肥年。就是在这天，我在集市上碰上了我小时候的伙伴——王小胖；他在平谷念书，正碰上他父亲给他买花生。我问他，你在平谷这念的什么书？他说念的是百家姓和千字文。这天在回家的路上我和我父亲说我也想去上学，父亲说咱家比不上他们家，王家有钱，咱念不起，家里供你们吃穿都很困难，还提什么念书！等下集我想办法找老师给你买书，找人教你。我忍着没办法。到了腊月二十三，到平谷大集，父亲卖完核桃就去学校找老师给我买了一本《三字经》，又买了3斤肉留过春节用。回到家后，王小胖正放假，我去找他，因我两个从小就很要好，我跟他说，叫他教我“三字经”，他很爱教我，从这时起，每逢节假日他都教我，不认识的字就问他，有不明白意思的他也给我讲，从这年开始，我的学习生涯就这样开始啦！我一边放羊，一边看书，背“三字经”，在地上练习写字，后来自从认识八路军李书记（李子光）和江东书记，他们教我识字，我认识的字越来越多，我现在还学医药书籍，特别是《药性赋》我能倒背如流，也看《元亨疗马集》（是治疗家畜的书），我现在对人的一些常发病用草药治疗，这里的八路军和老百姓都说我的医术挺高明。我还组织这里老百姓上山采药，有大黄、柴胡、桔梗、黄芪、蒲公英、山楂、杏仁等几十种。

自从我结识了八路军，他们教我学文化，讲革命道理。抗日、打土豪分田地，使穷苦人民得解放，并知道共产党不仅要解放中国劳苦大众，而且要解放全人类，八路军就是这支革命队伍。在他们的教导下，我加入了共产党，并被选为党支部书记。

这次是我组织这里的乡亲用积存的钱，几家合伙购一头驴，共计购5头驴，这都是抗日积极分子，准备给八路军送军用物资，闲时可耕种土地，这次也是多亏你父亲我贾大哥帮忙，他明天要把驴送上山来。

提起送军用物资，困难也很多，过封锁线、过日本的壕沟，还得在离鬼子炮楼远的地方，绕道走，虽然有八路军护送，但也常碰上困难，常出现问题。比如，有一次我带领几个民兵送军粮，就出现了两个难题。我们这次是给盘山八路军盘山根据地送军粮。我们赶着六头驴，驮着军粮和军鞋，都是走山路，走到峨眉山黑枣沟时，有四个人找我，要求分点小米，每人要一双鞋，我与他们说："这可不行，这是支援前线的，是打日本鬼子用的，怎么能分？分了我怎么交账？"我坚持不能分，他们说我："只想当英雄，不想大家的困难！"我说："这是老百姓支援前线，打日本鬼子的，是大家省吃俭用积攒下来的，很不容易，支援八路军打日本鬼子，是我们的责任，等中国解放，我们不再受日本人欺压，我们过上和平的日子，有吃有穿，能过上安宁的日子多好，这是大家的心愿。"我讲了这些他们才心平气和，后来再也没有人提这个问题啦。后来大家都一直克服困难，团结一致，积极支援抗日。

我还与你父亲，我贾大哥我俩多次一起去北京德胜门伪警防队大队部，去说服伪大队长张苏（张苏实名叫张雨露）来投降咱八路军，说服他起义，与八路军一起打日本鬼子。

这个伪警防队大队长张苏是在集市上购马时认识的，当时的马贩子认识我贾大哥。由于贾大哥能说会道，为人忠实善交朋友，又对马驴的交易懂行，帮了他很大的忙，又加上张松对日本侵略中国不满，他很不愿意给日本当亡国奴，敌对情绪很浓，他与贾大哥透露，他不愿中国人打中国人，中国人应团结一起打日本人，他们酝酿很久，并通过我与首长汇报，策划张苏带警防大队起义。

第三节　策划起义

在策划起义的当天下午，世勋接到十三团首长的命令，并来到十三团驻地，首长把十三团一起去的领导给他做了介绍，并指示世勋要听从他的指挥，要配合好，一定按预定方案办事，并指示他们一定与北京驻地党的地下组织取得联系，首长把联系暗号和给张苏的信都交给世勋并指示他们一定灵活机动办事，这次行动必须成功，不准失败。

虽然是天寒地冻的季节，前几天又下了一场大雪，使得这个山沟里还清净很多，一弯新月当空俯视着“山舞银蛇，原驰蜡象”的景象，不是说这山路难走，更不是说去北京的路程很远，或是骑着小毛驴进京辛苦，而是在行进的路途中要经过多处封锁线，将要遇到多处盘查与搜索，遇到的风险越来越大，而且要细心地与党的地下组织联系，取得他们的帮助，才能到达北京，完成这次重要而艰巨的任务，所以必须依靠党组织，才能完成任务，他们在党的地下组织的协助下，有了安全的行程路线，他们行程18个小时，第二天上午才到达德胜门附近（张苏家住在德胜门地区）。

正行进快要到达德胜门地区时，忽然有两个便衣在他们身后跟踪，这时他们想，如果自己被抓并不是什么了不起的大事，而是完不成党交给的任务，误了大事，自己就成了罪人，必须抓紧与当地党的地下组织取得联系，这时世勋面对两个便衣说，这里的警备队大队长是我的好朋友，你们跟我们干什么，不然咱们一起去见张苏大队长，这样一说，两个便衣满脸堆笑，并倍儿小心地说："刚才冒犯长官，请多多包涵，请到前边店里休息，吃饭再走。"在往前行进中，两个便衣溜走啦。接着他们与当地党的地下组织取得了联系，在党的地下联络站同志的带领下，到达张苏的住地找到了张苏。把被便衣盯梢的事一说，张苏笑啦，这是我派的便衣，怕你们被敌人发现，是派他们暗地保护你们的。

他们把首长的信交给张苏，并把这次行动计划与安排商量好，第二天傍晚张苏他们带着队伍直奔十三团首长安排的地址出发共计五辆汽车。拉着机枪、大炮，还有手榴弹等军用物资，和冬季寒衣，给八路增加了一个营的力量，共计 360 多人。

由贾大哥把张苏家属用驴接到平谷，秘密安置在老百姓家中。

八路军十三团把张苏的一个大队整营改编入八路军十三团（备注：贾大哥是平谷山东庄村人，名叫贾凤楼，是抗日积极分子，二儿子贾景芳是八路军战士，在攻打玉田县城时牺牲，时任八路军班长，后贾凤楼又送三子贾景泰加入八路军，任八路军某连助理员（就是书中的小助理）。贾凤楼能说会道，为人厚道，不怕暴强，在抗日时期，坚持党的统一战线，能说服当地有钱人出资抗日。另外他还对马驴等家畜的年龄、体重一看就知道，并能正确评估价值多少，是在集市马、驴、牛、羊等家畜交易中，大家公认的公平精准的交易员）。

贾凤楼和八路军十三团包森是好朋友，并多次住在山东庄贾凤楼家。包森司令员知道他与平谷警防大队长张苏是好朋友；包司令给贾凤楼讲党的抗日统一战线，指示他劝张苏投奔八路军一起抗日，劝说张苏带警防队起义，这次劝降就是在贾凤楼的多次劝说，在党组织的安排下顺利完成的。

第四节　相　识

这时，小贾助理站在敞开的后窗户前，神情忧郁地望着窗外，这房是坐西朝东，所以这窗户是后窗，小助理往西一望，一层一层的梯田，梯田上都是果树，再往远处看去，有两个山头，并看到有个山梁，他想这个山梁一定有往山下去的通道，后来他才知道，这里是通往魏家湾村到熊耳寨村的一条小山路，并能去镇罗营方向。这里去密云才 60 多里路，去往兴隆县城 80 多里路。这里往山下有悬崖峭壁，往南则是高山，绕过山崖，翻过这座山（叫牛大顶山）距平谷县城才 12 里路，这里是很好的天然屏障，是抗日游击指挥作战的好地方。

这里一层层梯田，一排排果树：柿子树、栗子树、山里红树、桃树、杏树等，它们春天分期开花，秋天又分期分批结果收获，雨季小河流水潺潺，真是一个人间仙境。勤劳善良的人民，在这里耕种、修树、养畜，种植谷子、高粱、玉米、豆子，各种果子长满山坡。他们不怕辛苦、节衣缩食支援八路军，保护八路军，打击日本侵略者，这里的人民英勇善战、智慧、不屈不挠，他们跟着八路军，跟着共产党闹革命求解放，这里被共产党和人民称为“铁北塞、铜南山，打不垮的鱼子山”。

当时的鱼子山惨案，就是在桃棚北去鸭桥口的悬崖下，数十个抗日积极分子惨遭日寇杀害，但这并没把山区人民吓倒，反而更激起了这里的人民的斗志，激发起人民抗日热潮，青年参加八路军，老百姓送军粮，做军衣、军鞋和各种军用物资，一直坚持到抗战胜利。

在世勋和小贾助理谈话过后，世勋与小贾助理说，你可以去外边转一转，小贾助理就出去散步，看到有两个人在山地坝上种地，一个用山镐刨，一个在后边撒种（种豆子），小贾助理一看这是王叔的夫人王婶在刨，他上前要过山镐就帮王婶刨坑，这时他才发现这个撒种的是一个姑娘，大约十五岁，他抬头一看，这姑娘花容月貌，大眼睛，眉毛弯弯，黝黑的头发，脸红润，看起来还有些孩子气，她见小贾助理帮她娘刨地，她与她妈说，妈你怎么叫贾助理刨地，她妈说："他抢过我的镐，我拦不了，你撒你的种子，我休息一会！"这女孩带着笑对她妈说："一会您再刨呀！"这时王婶说："一会我去做饭。"并对小贾助理说："小贾助理，不要急，慢慢刨，把这地坝种完就去吃饭，吃完饭休息休息你还有任务呢！"小贾助理心想，能有什么任务呢？原来这是王世勋的安排，因为世勋与贾大哥说过，他有一个女儿，要说给小贾助理，并说过叫他们俩见一面，先熟悉熟悉，这两个少男少女并不知道两个长辈的心思和安排。

两个人一前一后都低头种地，小助理在前边刨地，这女孩在后边紧跟撒种，然后又用脚把种子埋上土封好。两个人种了近一个小时，谁也没吭声，后来还是这女孩憋不住啦，看到小贾助理累得满头大汗说："休息会吧，看你出汗啦，汗珠直往下掉，太累啦！"小贾助理说："干活就得出汗。"这两个人说话都很低调，显得很腼腆。两个人只一问一答就没话啦。

说起来，这样是很正常，少男少女初次见面，正是风华正茂的年龄，山里的姑娘又很少出门，又很少见到这样的年轻小伙，这小伙大高个儿，浓眉大眼，手大胳臂粗，身体壮实，干起活来，看不出费劲，一眼就能看出是一个从小就得到锤打磨炼的人，也能看出这小伙是一个忠厚善良，勤劳能干的农家子弟。

这时，姑娘把头低下，笑了笑，这姑娘满脸笑容更显出一种让人说不出的美貌，“真是山高出俊鸟，这姑娘真漂亮。”

这天中午吃完饭后，小助理要去十三团，与部队在夜间转移，去执行任务。世勋与小助理一说，这次回部队，可能要出去作战，要听指挥，不要掉队，有时间一定要来我这。说完，他叫姑娘送小助理，姑娘说：“他自己就能去啦！”世勋说：“叫你送你就送一程，部队住在魏家湾，这山路也不太熟，你送到山梁，他进入去魏家湾的小路，你就回来。”姑娘虽说不愿送，父亲又这么一说，正合她的心意，她正想与他谈谈话。

为什么叫姑娘送小助理一程呢？原来事出有因，是世勋与夫人商量，要把姑娘许配给小助理，后来，在日本投降后，小助理与这姑娘结了婚。

第五节 好 友

实际在此之前，世勋与他的好友贾凤楼大哥就透露过此事。世勋有意把小女儿许配给小助理，所以先让他们多接触，先熟悉熟悉。世勋为什么萌生此念，还得从与贾大哥相识说起。

世勋与山东庄村的贾大哥相识于平谷大集。当时，世勋常去平谷大集贩卖牲畜，是牲畜交易的行家里手，当时的山区人民几乎家家都有几只羊，老百姓靠毛驴耕种、靠水果卖钱，也靠卖羊度日，大家深知世勋常年贩卖牲畜，买卖驴、羊是一把好手，为人又厚道实在，所以大家有事都愿意找他帮忙。

贾凤楼大哥也从事驴、羊生意，对驴、羊等家畜的交易也十分内行、身为同道中人，世勋就这样与贾凤楼在平谷大集上结识了。自从认识了贾大哥，世勋学到了很多知识。如看驴、羊等牲畜口齿来辨认牲畜的年龄，摸牲畜背部就知牲畜的体重，看四条腿就能看出牲畜的体力等。因大哥很会交友，市场上朋友多，贾大哥有事有朋友帮忙，在牲畜交易上的事大多数他都能做成。

由于世勋常与贾大哥交往，两人成了好朋友，世勋也看重贾大哥是一个很爱国懂道理能说会道，好交朋友，并是一个抗日积极分子，二子在抗日前线牺牲后，又将三子送到抗日前线。贾大哥靠他的爱国热情，常说服朋友和农民把粮食和物资拿出来支援八路军。这样的事一般人做不到的。为了抗日贾大哥动员人们拿出物资支援前线，说话很硬，在这个时期，贾大哥因此也得罪了一些人。但他一直没有退缩，一直坚持到抗战胜利。

贾大哥为了多争取说服人们拿出物资支援抗战，他还坚持这个时期的党的抗日统一战线，他想办法说服当地富户（在土改时期，大多数是地主、富农），还与他们称兄道弟结拜兄弟，千方百计地争取抗日物资，团结一切可以团结的力量来抗日，后来在土改时贾大哥因为这也受到了冲击，但是因为他是抗日烈士的家属，又是抗日军属，又积极支援前线，所以他还是一个响当当的抗日模范。说起来，世勋比贾大哥更显功勋卓著。他不仅送子参加八路军（在抗日时期，两个儿子在革命队伍里都担任重要职务，并在抗日战争时期牺牲)。他作为鱼子山地区的党支部书记，在这个时期党的组织是秘密的。他组织当地人民做军衣军鞋，征军粮，送军用物资，转送情报和保护伤病员，特别是严密地保护根据地领导和八路军，起到了很好的组织领导作用。

而且他从小就好学，不仅懂得很多革命道理，向人民宣传抗日得解放的道理，他还研究医学，并组织农民去山上采集药材，如当地山上的柴胡、桔梗、黄芪、白术、知母等三十余种，并且炮制好用来给八路军和根据地领导看病，他还按上级指示，在平谷区建立药材联社。（在 1947 年，十四分区党组织派王世勋去北平国医堂“就是现在的协和医院”学习中医，回来后，十四分区拨款二千元在平谷成立企民药社，当时平谷没有医院，世勋组织老中医十几个人，给平谷人民看病，受到广大平谷人民的欢迎)。采购药品，并以此为名。

世勋是一个很用心的人，他发现给八路军送物资的牲畜常有发病情况，所以他千方百计学习给牲畜看病，还自学《元亨疗马集》。找当地老中兽医请教，向他们学习，他不仅给部队军马和运送物资的牲畜看病，而且还能给当地农民的驴、牛、羊等牲畜看病。并得到当地群众和根据地首长的一致好评。

世勋从给八路军运送物资，到与敌人周旋，他表现得分外机智勇敢，凭着他对革命事业的必胜信念，不怕困难，忠心耿耿，为了革命事业从不要荣誉和酬劳，不谋私利。甚至连他亲近的人都不知他是党的支部书记，他担负着党的秘密领导工作，守口如瓶连他的家人都不知情。

第六节 送军粮

这是一个不平常的夜晚。

世勋在这天傍晚接到上级的命令，在夜间十点组织十头驴驮粮送到南山村联络站，由联络站再送到八路军盘山根据地。上级指示，在夜间3点之前送到，连夜返回。

组织民兵送军用物资

送到南山村要顺路走才不到30里路，但是要绕过峨眉山村的日本鬼子炮楼必须路过黑枣沟，穿过峨眉山东沟的山梁，再过刘家河村东的封锁沟，到北独乐河村东往南，由南独乐河村西到望马台村南的封锁沟，有南山村联系站的民兵接应后，才能把粮食安全送到。

提起南北这两条封锁沟，在当年日本鬼子强行中国老百姓挖壕，当时在平谷地区流行着一首挖壕歌，通过这首民歌，你就知道当时的老百姓被日本欺压的受苦受难的日子啦！

（附：挖壕歌，李广林整理，张占一唱）

正月里是新年，百姓人家不得团圆，鬼子又把据点安，安在峨眉山。

二月里快清明，家家想着上坟茔，鬼子挖壕罪不轻，硬把坟来平。

三月里桃花开，户口簿子发下来，一保一甲全记上，家家挂门牌。

四月里青草厚，鬼子强迫去挖壕，不管老头和小孩，一个不许留。

五月里树叶全，壕沟挖了三丈宽，挖得沟里出泉水，人在水里边。

六月里太阳热，挖沟百姓不得活，一天打死七八个，鬼子乐呵呵。

七月里连雨天，挖沟挖了有半年，百姓粮食都吃完，树叶来当饭。

八月里到大秋，地里庄稼没人收，舍了庄稼去挖沟，不去就砍头。

九月里把沟挖，半年多来没回家，妻子讨饭送给他，心酸似刀扎。

十月里更难受，上宅以西挖壕沟，六十里地到峪口，二里一炮楼。

十一月里雪花飘，鬼子又来把房烧，惊得老婆孩子号，山洞里边逃。

十二月里新年到，主力部队来到了，坚持抗日游击战，胜利红旗飘！

过封锁沟时，首先要把驴驮的粮食卸下来，由人背过壕沟，再把驴牵过壕沟，放到驴背上，再继续往前行，这个过程写出来很简单，但是，做起来是很难的。护送军粮的战士要紧盯着敌人炮楼，防止敌人发现来追，背粮过壕沟陡坡，必须几个人相互传送才能通过，艰难异常。

过壕沟时，不仅跨上下坡过壕沟，而且坡上长满荆棘，带刺、带尖的很多，要用镰刀割断才能行走，一不小心就会把衣服划破，刺破皮肤，很是难行，大家强忍伤痛过壕沟。

粮食送到南山村联络站，卸完粮食后，交接完手续后，发现有一头驴卧地不起，满身是汗。与世勋一起来送粮的于希元找世勋说："有一头驴浑身是汗，还来回卧。"世勋说："咱俩去看看。"他看到这个症状，又根据《元亨疗马集》里讲的症状相对照，他说："不急，这驴是冷痛，卸粮时喝水喝的急，喝呛水啦。"希元说："喝的是河沟里的水，我想拉它就拉不起，喝了很多。"这是因为驮粮长途跋涉又累又渴，喝了河沟的凉水太多太急，才发病，这叫"冷痛"。这是冷水喝多啦，对胃肠刺激太大。如果防止不得这种病，得叫驴喝几口就拉起休息片刻，再喝，反复两三次就不易得病啦！他与联络站找来一瓶老白干，给驴灌下，又找来针锥放了驴的蹄头穴血，这办法真灵，不到半个小时驴就安稳啦。

因为这件事，领导还表扬了他，在根据地也传说开来，称他不仅能给根据地老百姓和根据地的八路军看病，还能给牲畜看病，都赞颂他很“神”。世勋的医技来自他好学，在放羊时，就研究用中草药治羊病，在集市又向内行人学习，经常找民间兽医交流请教。在他创建平谷县药材公司时，他不仅串联老中医交流，也找民间兽医交流，经过多年努力，不断积累知识，不断提高医技、丰富医疗经验。

就是在这天回来的路上，在快到刘家河村北的壕沟时，碰上了日本鬼子的巡逻队，由于他们发现敌人早，世勋叫送粮民兵和八路军战士先躲藏一下，他去应付巡逻队，以防惊动鬼子发生纠缠，造成不必要的牺牲。

世勋一个人往前走来，只见巡逻队直向他冲来，见一个高个子突然问他“你是干什么的，向哪里去?”世勋一听是中国人，他就知道这是伪警备队的，又是平谷口音，心里就不太紧张了！回答说：“我是刘家河人，昨天去平谷买头驴，留着在家种地，怕被你们看见，才起早回来，这碰上你们，叫我过去吧!”这人很坚决说：“叫你过去，我们是干什么的，出了事我们担当不起!”就在这时，过来一个年轻小伙，他一见世勋，就问：“大哥是你，怎么这么晚回家?”世勋说：“怕叫你们碰上，不叫我过，才晚点回来。”正巧碰上这个小伙是刘家河村的小石头，比世勋小几岁，过去也是放羊娃，他俩常在平谷集市碰上，世勋常帮他买羊，天长日久，两人结交成好朋友。世勋问：“你怎么干这个?”小石头说:“家里实在困难,过不去啦,在这找个事,混个饭吃。”这时,小石头一看是世勋大哥,他马上回头与大高个儿说了几句,小石头回来与世勋说:“哥,我做保,但他要酒钱。”世勋说:“叫我过去,花点钱可以。”世勋顺手由口袋里拿出几块钱,给了小石头,小石头说:“哥,你等我们走远些你再走。”世勋说:“你不要伤害中国人,给日本鬼子卖命!”石头说:“大哥,我知道,我是混饭吃,也很难,在鬼子面前也要长眼,不伤害咱中国人,我们只是混饭吃,不伤咱老百姓!”世勋接着说:“真是我的好弟弟,谢谢你帮忙。”

就这样,等他们走远了,世勋才召集民兵和八路军一起迅速过壕沟回到了桃棚,顺利完成了送粮任务。

在世勋他们每次送军用物资时,都有八路军护送,如果赶不上有八路军护送,也要安排民兵护送,防止被敌人抢夺。他们都前后行军,并互相有联络暗号,能及时相互联系。

在抗日战争时期,日本鬼子对根据地实行烧光、抢光、杀光的三光政策。尽管敌人手段恶劣,也一直没有浇灭根据地人民的抗日热潮。

这正是:

写写小文忆过去,回顾过去苦甜来;
共产党领导得解放,幸福生活万年长;
永远不忘旧社会,英烈事迹记心间;
子孙万代跟党走,努力实现中国梦;
向前向前永向前!

鱼子山人民用土织布机织粗布支援抗战

鱼子山人民用纺线车纺线用来织布做军衣军鞋

第七节 送手榴弹

（本文系作者亲听马排长的讲述而作）

一、取手榴弹

晚上世勋接到紧急任务，通知世勋组织 10 头驴和 10 名民兵去华北村取手榴弹，并指示他送到南山村联络站（注：华北村，就是现在的杨家台村，本村在一个蜿蜒的峡谷中，手榴弹厂在杨家台的老虎涧，更是野山壁垒，是一个险峻严密不易被人发现的野山圈。杨家台村悬崖峭壁争峰，果红树绿香浓，抗日战争时期，共产党的联络村叫华北村，这里与鱼子山、桃棚村一样，被日本鬼子划为无人区，这里更是八路军的抗日根据地。这天晚上，世勋与八路军十三团派来的八路军马排长接上头，并商量好行走路线和联络暗号，这时马排长下达了出发命令，大家悄然迅速出发。

他们翻过山梁绕过魏家湾熊耳寨村后，延着一条小山路翻过四道小山梁，忽然前边的哨兵回来，报告马排长，说前边山上的烽火台（此烽火台在镇罗营村东山上，是古时多年保存下来的，用来瞭望远方敌人入侵用的，发现敌情后，可在此燃火示警；当时日本鬼子，在此设立岗楼，用来封锁八路军进出，这里是军事必争之地）灯光闪亮，看起来有敌人看守，马排长两人商量，敌人看守很严，我们要分开走，要顺着镇罗营村东边的地坝根行走，这样敌人不易发现我们。我们要分三组前行，八路军先行，接着第一组，而后第二组跟上。这时，战士们子弹上膛走在前面，密切注视敌情，在走过镇罗营村约一里地时，他们正朝关上村方向行走，忽然发现从烽火台上有六个灯光闪亮，往山下走来，马排长命令世勋带运输队快行，世勋带着运输队赶着驴往前走去。

这时八路军战士在运输队后边慢步行走，边走边留意由峰火台走下来的敌人，当发现敌人是往关上方向追来时，马排长在一个较有利攻击的地坝根下，安排战士隐藏起来，并命令战士，不能有任何动静，等他发出命令，每两个人一组扑向敌人，不等他们动手，我们先动手，活捉他们。按计划，敌人到了跟前，战士们听马排长一声令下“上”，战士们同时急速窜出，两个抱一个，给敌人一个冷不防，六个敌人全部活捉。经过拷问，这六个人都是中国人，一个日本鬼子都没有，原来他们是给日本站岗的伪警防队。马排长对他们说：“你们给日本人当汉奸，依仗日本人欺压中国老百姓，我们应立即枪决你们，但是现在是抗日时期，我们应当一起打日本鬼子，搞统一战线，中国人不打中国人。”这六个人都跪在地上求饶，其中一人说：“八路军大哥，饶了我们吧，我们是被抓来当兵的，我们没办法，混碗饭吃，放过我们吧！”马排长问他们：“你们要实话实说，上边有几个鬼子，他们发现我们啦？”有一个大个子说：“没有发现你们，是派我们下来巡逻，看看情况，上边有三个鬼子。”马排长听后，他按照上边首长指示，尽量不开枪，以护卫手榴弹安全送到部队为首要任务。马排长想到首长指示，就决定放这六个伪警备队人员。这时，马排长命令战士把敌人的枪栓取下，并对他们说：“放你们可以，但你们得听我命令，你们在这等我们走半个小时后，再去关上村头，见到一棵树，我们将枪栓放在树下，你们取回，不要张扬，不准开枪，准许你们安全回烽火台，如果你们不老实，我们就不饶你们啦！”这时，6个汉奸一齐回答：“我们照办，我们不敢开枪！”马排长训他们说：“以后不要给日本鬼子当枪使，不要打我们中国人，不要与人民为敌，不要给日本鬼子卖命，欺压中国人！”

第二天晚上，他们装完手榴弹，驴驮着手榴弹，战士们枪上膛，紧护运输队，经镇罗营，又路过熊耳寨，原路返回。

二、送手榴弹

就在返回路上，运送手榴弹的队伍快到桃棚村口（就是在现在的鱼子山大峡谷入口前端，去鸭桥沟的路口处），这时天已经快亮，走在前边的马排长被两个人拦住，说是有紧急任务，他们又来与世勋联系。来接头的是符运广同志，世勋一见运广，就急着问：“组织上有什么紧急任务？”运广说：“在山口外咱十三团与日本鬼子打起来啦，咱这兵工厂的手榴弹全运过去啦，领导叫我接你们，把手榴弹马上送到前线！”世勋一听，就上前与马排长商量，原来另一个是十三团战士，来带马排长去战场支援打日本鬼子的。在战士的带领下，马排长带战士们急速跑步向战场。世勋和送手榴弹队伍沿河套旁边小路直奔战场，往前行到山口外，就听到远处的枪弹声，越往前行，枪弹的声音越大，他们听得枪弹声连接不断，就知道这仗打得很激烈！世勋和民兵们急速赶着驮手榴弹的毛驴快速前进。马排长接到命令，急速跑步到北寺村东南高坎处，去平谷县城路口支援阻击日本鬼子回城的八路军战友。前边有民兵来接手榴弹，到李辛庄村东有民兵队伍来取手榴弹，并通知他们马上去山东庄村东南去用驴驮老百姓支援的馒头和棉衣棉被。世勋一听，马上带领民兵去取支援前线的物资，快速送到前线战士手中。这时是寒冬腊月，寒风刺骨，战士们吃饱饭，穿上棉衣，盖棉被，防寒才能打胜仗。（在这次战斗中，有山东庄、鱼子山、峨眉山、独乐河、丰台、张辛庄、北寺、大坎、东洼、西历津、小北关、大北关等村的民兵参战，在老百姓的支援下，打了一个全民包围战，全歼日军一百六十多人。这次战斗一直到现在，当地的人民还传颂着。这是在 1945 年阳历 2 月 4 日，农历腊月二十二春节前夕，日本鬼子出平谷县城进农村抢粮、抢猪牛羊鸡备年货。但他们在周边村没有什么收获，因老百姓得到消息把物资早已运往北山沟里。日本鬼子只得去独乐河东一带去抢，日本鬼子没想到八路军在这里设下了埋伏，打了一场人民战争，被全部击毙在这里。他们第一是对这里地形不熟，第二是天气寒凉，第三是没有支援部队。八路军早已设下埋伏和阻击来援之敌。也是八路军十四分区早已有设计的歼敌计划，为给在 1944 年 12 月 28 日突围战死在现在的小官庄村的平三蓟联合县委书记谭志诚等烈士报仇。这是时隔近四十天后的一场复仇战，为战死的战友们报仇而战！为人民的解放而战！

备注：本节内容是由文中马排长的述说，马排长就是马品全，是平谷区小北关村人，已离休，现年事已高，身患重病，抗日战争时期任八路军排长，解放战争时期，任解放军排长，解放后他一直在平谷电讯局工作，解放初至离休他一直是电讯局的外线组织者和领导者。他一直勤勤恳恳，任劳任怨为平谷电讯工作作出了不可磨灭的贡献。马品全与我（杨海山）家是前后院，他随年长，按辈分我称他二哥，他为人厚道、实诚和气，从不张扬，干事业扎扎实实，是一个可尊可敬的长辈。

本节结束语：诗三首

一、赞大峡谷

幽潭峡谷，世代传人相宿，
谷中出平湖，潭中溪水流。
山间谷中珍珠翡翠夺目，
悬崖峭壁峥嵘，桃红树绿香浓，
游人源源不断，富裕百姓称赞，
抗日英烈传颂，世世代代永存；
美景前人开创，后人永远不忘。
为实现中国梦，为解放全人类奋斗。

二、桃棚英烈纪念塔

桃棚山上纪念塔，塔下英烈坟中藏。
峡谷山中纪念馆，英烈事迹人传扬，
革命初心永不忘，后代努力来开创。

三、怀念先烈

抗日先驱根据地，驴驮军用物资山中行。

游击战争来抗日，军民同心把敌杀。

英雄事迹说不完，革命后人记心间。

永远跟着共产党，幸福生活万年长。

第八节　红心永存

一、给军马治病

深山里的夜，明星闪闪，树叶婆娑，泉水潺潺，交织成深夜中特有的交响乐。似乐团伴奏让人神往、沁人心脾，使人精神振奋，永不疲惫。

这已是深夜，世勋忽然听到“你怎么还不睡！快天亮啦！”夫人在喊他。世勋说：“我在查找资料，现在一切都好了，马上就睡！昨天部队首长的马得病了，他转战平、三、燕，得有马呀！我已诊断出这马的病，并作好了治疗方案和用药配方。等天亮就去八路军驻地治马病，给马灌药。”

原来他为根据地的首长、八路军和老百姓早已备好了中药。又组织村民去山上采药，晒干制好，还有采购来的中药，部分西药。后来经查看世勋遗留的笔记本中记载：阴历六月十五日，八路军张营长的红马发病，症状：肚胀、起卧不止，回头观腹，尾巴常往上扬，时有后踹动作，经诊断为大肠结症（大肠便秘）。

治疗配方：莱菔子 2 两、芒硝 4 两，枳实、枳壳、槟榔、香付、千金子各 1 两。

研细末开水冲灌服。

笔记本还有记载：用本配方灌药 2 个小时后，马的病痛好转，排稀粪，粪中并带有几个比馒头略小的硬粪球，马的病状消失，不起卧，很安稳。安排喂马战士，不要急于喂料，适当给马小米汤喝，不能过量，每次半脸盒，一天三次，以后逐渐适当喂点草，不要喂太多。

还写着：首长还表扬我，不但能给老百姓和战士治病，还能治马病，你真是个模范干部。这是首长对我的鼓励，使我更加努力为党工作。

二、救治伤病员

这是一个寒冷的冬天，要精心组织医疗队。由战场转来的伤病员，还有一个特别指示，要千方百计救治李梅溪同志的伤病。这是十三团团长包森的指示，世勋接到指示后，亲自把李梅溪同志接到他自己家里请来最好的医生，并千方百计找来了青霉素治疗已感染的伤口。经医生的全力救治和家人的精心护理照料，李梅溪很快就康复了，并回到部队。后来李梅溪同志成了世勋的好朋友，并时常来这里看望他。

世勋通过在平谷开创的医药联社，后来称企民药社，常秘密联系医技高超的民间医生，给伤病员看病，得到首长的信任，并派他到北京协和医院学习，培养他为革命作更大的贡献。

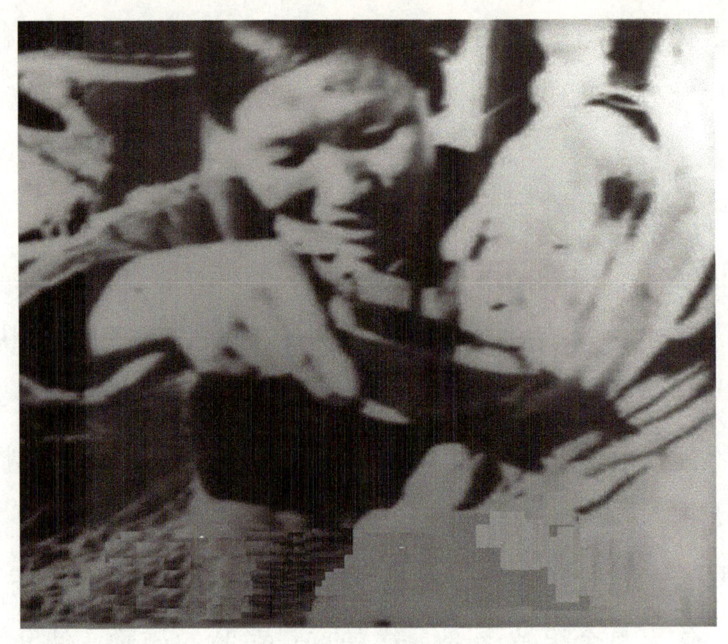

精心护理　抢救伤员

三、为党忠诚

天空的红色渐渐散去，继而漫上的是蓝蓝的天空，然后便是汹涌持续的黑暗，看看四周的灯光一盏盏地熄灭，只剩下这个屋也关了灯，屋子里彻底黑了，并显得很安静，与窗外的黑，悄无声息地融合。

世勋在屋里凭着直觉，这只是晚上 7 点左右，等到夜间十二点，有小辛寨老郭带领民兵送军用物资来，他总是心神不定，由开放的后窗户向外望着。他不时回忆，小时候与小伙伴在院坝的小草丛中躺着，数星星，星星布满天空，有的特别大，特别亮。但数来数去怎么也数不清。可现在呢！没有心思去数星星，是盼望同志们送军用物资安全地到来。世勋在想，这次送物资来的是小辛寨老郭同志带领民兵送到这里。送货路线是由小辛寨路过王辛庄经放光村北的封锁沟，路过杨家会到井峪翻山梁到这里，路很难走（路应由太后北山梁来这里，因太后有敌人看守，只能走这里）。在平原上的路虽然好走，但不知什么时候会碰上鬼子或特务。更加危险，需加倍小心。过封锁线时，道路更是艰险难行，路边的坡上荆棘密布。划破衣服，碰伤胳臂，碰破腿是常有的事。况且背着物资上山，一路行来异常艰难和辛苦。这样的路世勋带领山里的民兵给八路军送军粮、军鞋等军用物资，不知走了多少遍，所以，他深知其中的艰辛与不易。因此，他更加惦记路上的同志们，心情难以平静。

时间来到了夜间一点，漆黑的夜万籁俱静，老郭和其他五位同志背着小辛寨老百姓做的军鞋和送来的几百斤小米来到了桃棚联络站。世勋发现，正如他所料，老郭和另外的一名同志的腿和手臂都被划破了，手上沾满了鲜血。世勋赶紧拿来外伤药和纱布给他们消毒、上药、包扎，包扎完大家都松了口气，两人才交谈起来。老郭说过壕沟里指根和带刺的荆条很多，加倍小心也会划破衣服，有时划破手，必须抓着上，难免手被刺破，更顾不上划破衣服和划破皮肤。只顾拉着往上爬，爬山坡更是一样，只能咬着牙硬往上爬，大家都说划破点小伤不怕，过两天就好了。只要把物资送到八路军驻地就完成任务啦！八路军有饭吃，有鞋穿才能打日本鬼子。世勋面对大家说：“你们辛苦啦！休息休息，明天再回去。”老郭说：“我们完成党交给的任务，再辛苦我们心里也高兴！”这简单的一句话，说明他们一心抗日，为完成党交给的任务，而忠心耿耿不怕辛劳。

老郭他们走后，世勋组织2个执勤民兵，把送来的军鞋和小米入库。盘点时少了一双鞋和一袋米，世勋追问，有一个民兵说，我留起来啦，世勋说："拿出来"这个民兵说："大哥，你看我的鞋坏的不能穿了，我家没有米了，老娘等着吃呢!"世勋说："这是公粮，是军用物资，一点也不能动，拿回来。"这个民兵只能拿回来。

第二天，世勋把自己穿过的一双鞋和自家的高粱米送给这个民兵。他说："大哥，以后我不这样做了，再困难也不能动用公家的东西。"世勋说："支援抗战，我们要守纪律，有困难提出来，大家一起想办法，互相帮助解决。"后来大家都一致克服困难，团结一致，积极支援抗日。

这个小故事，在抗日战争时期，是再寻常不过了，但正是有了百姓们这样平凡和伟大的壮举，我们的革命队伍，才能战胜一切困难去争取胜利。平谷地区的人民群众，凭着对子弟兵的热爱和对新生活的向往，义无反顾地支援前线，他们不怕艰险，不怕流血牺牲，克服一切困难，完成党交给的任务。充分表现出他们对党的忠诚。

四、为人民解放而奋斗一生

世勋经常往返于平谷、鱼子山、桃棚，后来又常往返通州、北平，他一直听从党的安排，按党的指示办事。他一直是拉着他喜爱的一头毛驴往返于北平、通州、平谷、鱼子山。为党的事业贡献了自己的一生。由于革命斗争环境恶劣，和多年积劳成疾，在一九四八年离世。

冀东处于华北与东北的战略咽喉位置。地势险峻、战火纷飞。抗日战争时期，敌强我弱犬牙交错，攻防战拉据战，游击战时有发生，环境残酷、战斗激烈，根据地的干部、战士们经常吃不饱、穿不暖，昼伏夜出，和衣而眠。而且在短时间内，这样艰苦的条件不可能有根本的改变，不用说打胜仗，就连生存都成困难。但再大的困难，也磨灭不了战士们斗争的决心和勇气。大家奋勇杀敌，同仇敌忾，不惧艰险，他们的信念只有一个，那就是打败日本帝国主义、解放全中国，解放全人类。正是凭着这样坚定的信念，无数革命先驱不畏千难万险，豁出命地为抗战而奋斗值得我们后人永远怀念。

王世勋、贾凤楼的事迹，只是抗日时期广大共产党人的一个缩影和代表。他们的一生是为党的事业奋斗的一生，作为千百万革命者的一员，他们的英雄事迹多得说不完。由于笔者文笔短浅，短短小文不能足以展现先辈们的豪情壮举。但我们由此可见一斑，永远铭记先驱们的英雄业绩，不忘他们的理想和信念，永远怀念他们，并沿着前辈的足迹，为实现中国梦，为解放全人类而努力奋斗！

第九节　怀念战友

灰蒙蒙的天阴沉沉的，淅淅沥沥的小雨朦胧着双眼，这是1956年的清明时节，贾景泰带着儿子贾贺久，带着沉重的心情来到小北关村南杜梨坑，祭奠长眠在此的两名烈士。那是1945年6

月，十三团派去香河培训班参加培训的两名战士。他们参加完组织培训后，返程路上遭遇了日本鬼子。在激战中壮烈牺牲。由当时的村党支部安排葬在小北关村南的这个杜梨坑边。每逢清明时节贾景泰都带儿孙来这里为烈士扫墓。

在 1995 年清明节，贾景泰又带着儿子和孙子到杜梨坑扫墓，却意外地发现，这个杜梨坑不见了。他很纳闷，来到小北关村，找到当时的村干部了解情况才得知，小北关村在平整土地时将两位烈士墓迁移到小北关村北黑山东侧的山坡上，当他们来到烈士墓前，两个坟墓排列整齐，墓被扫得干干净净，并摆满了花圈，这是小北关村的少先队，来这里祭扫烈士墓，并传颂着他们的战斗故事，对他们表示缅怀和思念。

贾景泰带着儿孙向烈士三鞠躬，表示对他们的怀念，教育后代永远怀念和记住他们。

贾景泰不忘战友，思念战友情的精神，我们后人应向他学习。发扬他们的革命精神，让子孙后代永远不忘，让他们的抗击日寇不怕牺牲的精神发扬光大，为实现中国梦，为祖国实现现代化，为人民幸福生活永存而奋斗！

本章人物简介

王世勋：

1940 年 9 月由李子光（冀东西部地分委书记）组织部长王大中介绍加入中国共产党，并成立平谷县第一个党支部，王世勋任党支部书记。在抗日时期，在党组织的指示和安排下，在平谷成立企民药社，并组织平谷十几名老中医给平谷人民看病，受到平谷人欢迎。企民药社也是党的秘密联络站，还在平谷周边地区发展共产党员，建立党的支部，王世勋在平谷城东马各庄、夏各庄地区发展首批共产党员，如马各庄村党支部书记段陶吉等同志。段陶吉是马各庄村第一任党支部书记，抗日战争胜利后，十四分区党组织派王世勋去北平国医堂学中医，后成立平谷企民医药联社（平谷县药材公司前身）。

王世勋同志于 1948 年离世。

王世勋长子，烈士王廷路（化名王振山）：

抗日战争期间入党，参加革命，任平谷县三区公安助理，后又任平三蓟联合县公安助理，1945 年在抗战胜利前夕，在蓟县县委工作，牺牲在蓟县。王廷路（王振山）是蓟县人民非常爱戴的干部，当时由于八路军缺医少药，在一次战斗中王廷路被日本鬼子把肚子打穿，肠子由腹部直往外流，自己硬塞回腹部，十天后牺牲。由于当时交通不便，是蓟县老百姓把他一村一村的转送回桃棚村埋藏。一个革命干部为了中国革命，为了抗击日寇，为了中国人民的解放事业牺牲。他临咽气时还把仅有的几块钱交给父亲，告诉父亲给交他党费。我们子孙后代永远不能忘记革命烈士的不屈不挠，跟党走，干革命的决心，直至献出自己的生命。把剩下的几块钱交给父亲，不是给自己亲生父亲花，而是叫父亲交党费，这是多么坚强的信仰，多么牢固的共产党的信念。没有他们，就没有我们今天的幸福生活，我们永远不能忘记他们。

王廷路烈士在抗战时期，在平谷三区工作时，在平谷山东庄村发展三名中国共产党员，他们是陈井龙、高振启、石有林，三位同志成为中国共产党党员，他们成为抗日骨干，并参加了八路军。成为党的高级干部（这三名中共党员在平谷档案局有历史记载。）

王世发（王世勋三哥）：

1940年9月加入中国共产党，是平谷县鱼子山桃棚支部的第一批共产党员，他积极参与抗击日本鬼子，积极组织鱼子山桃棚人民支援八路军，送军用物资，保护伤员等。是当地人民的抗日带头人和积极分子（在1941年至1942年间担任鱼子山第二任党支部书记）。

其长子王廷左，抗日战争时期入党，抗日战争胜利后任平谷县大队长，1946年12月调任顺义县大队长，在顺义潮白河一带战斗中牺牲。

次子王廷右1942年入党，地下党员，1945年在平谷山东庄村教书做党的地下工作，被日本鬼子在山东庄北山杀害。

贾凤楼：

是八路军十三团包森司令的好友。包森在抗日战争时期，经常秘密住在贾凤楼家，只因为贾凤楼积极抗战，有能力说服乡亲出资支援抗战，包森司令非常信任他。包森司令得知他与张苏伪警防队大队长很熟，派他说服张苏起义。在党的领导下，贾凤楼说服张苏起义（书中已描述）。贾凤楼受党的委托把张苏的妻子和家属秘密接到岳各庄亲戚家藏起来，后被党组织安全转移，转危为安。

1954 年秋天，张苏带着两个警卫员来平谷看望他的好朋友贾凤楼同志，叙谈友情并表达他的感恩之情，也说明我党的高级将领不忘支持他们的抗战老朋友和支援他们的人民。

贾凤楼二儿子贾景芳在 1941 年八路军攻打玉田时牺牲，任八路军班长（在平谷档案局有记载）。二子牺牲后，又送三子参加八路军。

贾景芳烈士：

是贾凤楼二儿子，1940 年参军，1941 年任八路军十四分区十三团二连二班班长，1942 年在玉田县刘家庄抗日战场牺牲。

贾景泰（书中小助理）：

在抗战时期 16 岁参加民兵抗日，在得知哥哥牺牲后，1944 年参加八路军，是十三团战士，通讯员，交通班长，抗战胜利后任十四分区商店副经理。1946 年加入中国共产党，解放后任北京空军后勤部助理员。1950 年参加抗美援朝，1953 年回国，1956 年立功获奖，在 1956 年村里成立初级社，他拿出省吃俭用 500 元（相当于现在五万元）支持山东庄成立初级社，受到村里乡亲赞扬。1963 年毕业于中国人民解放军后勤学院营房系，后任北京空军后勤部副科长、科长。1965 年任空军第二工程总队司令部副参谋长。1965 年参加抗美援越战争，1971 年回国，1976 年转业到北京，任北京宣武区仪器仪表公司经理兼书记。后任宣武区建设局副局长，后任宣武建筑公司经理兼书记，1989 年离休，1997 年 4 月病逝，享年 73 岁。

张苏（张雨露）：

抗日战争时期任平谷警防大队长（当时张苏家住北京德胜门

外)，经贾凤楼和党组织秘密联络，说服张苏起义，解放战争时期，被共产党提拔为十四分区副司令员，张苏在抗日战争时期和解放战争时期为中国人民的解放事业做出了卓越的贡献。1955 年张苏同志转业到山东青岛港务局任局长，60 年代病逝。

“平谷冀东抗日根据地”简介

平谷区是冀东抗日根据地西部的核心区域。

1937 年“七·七事变”，抗日战争爆发。8 月 20 日，中共中央在陕北的洛川召开政治局扩大会议，确定党的中心任务是“动员一切力量，争取抗战的胜利。”会议接受了毛泽东主席提出的“红军可出一部于敌后的冀东，以雾灵山为根据地进行游击战争”的战略提议。党中央确定开展和坚持冀东抗日游击战争的方针。

抗日战争时期，鱼子山、桃棚两个村成为中国共产党领导的抗日根据地之一，以此为中心，先后建立 4 个联合县，是联合县县委、地委、区专属、十三团的常驻地，冀东专属专员焦若愚、军区副司令员兼十三团团长包森常在此地指挥冀东抗日战争。在两个村建有兵工厂、印刷厂、银行、看守所、卫生所、供给处。1940 年，在桃棚北山红崖洞里成立了平谷县第一个党支部，组织人民开展麻雀战、地雷战等游击战术同日寇进行斗争，有“铁北寨、铜南山、打不垮的鱼子山”的赞誉。

“平谷第一个党支部成立”旧址

红崖洞位于桃棚村北山的灌木丛中，因洞上岩石皆为红色，故称红崖洞。1940 年 9 月的一天深夜，县委领导李越之、西北办事处区委书记江东，在此主持平谷第一个党支部成立大会。支部由5名党员组成，他们是桃棚村的王世勋、于希元、符运广、王世发、鱼子山村的谢凤宽。王世勋任党支部书记。

“冀东西部地分委”旧址

1940年9月，建立冀东西部地分委，书记先后为田野、李子光，委员为王少奇、高易等。1943年7月改称第一地委，书记李子光，宣传部长方治平，组织部长王大中。1944年12月改称第十四地委，书记李子光。地委领导常在此开会或研究工作，指挥冀东西部抗日斗争。

“联合县委”旧址

1940年11月，中共平（谷）密（云）兴（隆）联合县县委在此建立，地分委副书记李子光兼任书记，组织部长李越之，宣传部长江东。1942年11月改称平（谷）三（河）密（云）联合县，李越之任县委书记，组织部长王光远，宣传部长江东。1943年7月改建平（谷）三（河）蓟（县）联合县，县委书记先后为李越之、谭志诚、尚痴、鲁夫。县委领导常在此开会，研究工作，领导联合县抗日斗争，县长为李光汉，1944年底为季宁。

“公安科”旧址

1943年2月平三密联合县抗日民主政府建立，县委设社会部，政府设公安科。刘向道任社会部长兼公安科长。公安科负责全县的锄奸、反特和情报工作。公安科设看守所，1944年8月公安科改为公安局，社会部长兼公安局长先后为刘向道、李庭。1944年初，针对日军派遣特务、奸细叛徒等246人混入革命队伍，其中处决190人，教育后释放56人。运动中我公安人民采取政治攻势，奸特人员多人公开或秘密自首。至 1945 年 3 月，争取特务、伪乡长、警务队等伪职人员 118 名。

冀东英烈园、英烈馆

平谷区民政局关于《平谷区零散烈士墓集中建园》工程于 2013 年建设。英烈园占地 5 360 平方米，共有烈士墓 433 个，烈士纪念碑一座，烈士纪念广场占地 1 000 平米。

英烈馆内展示抗日战争历史、解放战争历史、社会主义建设及改革开放的发展史。

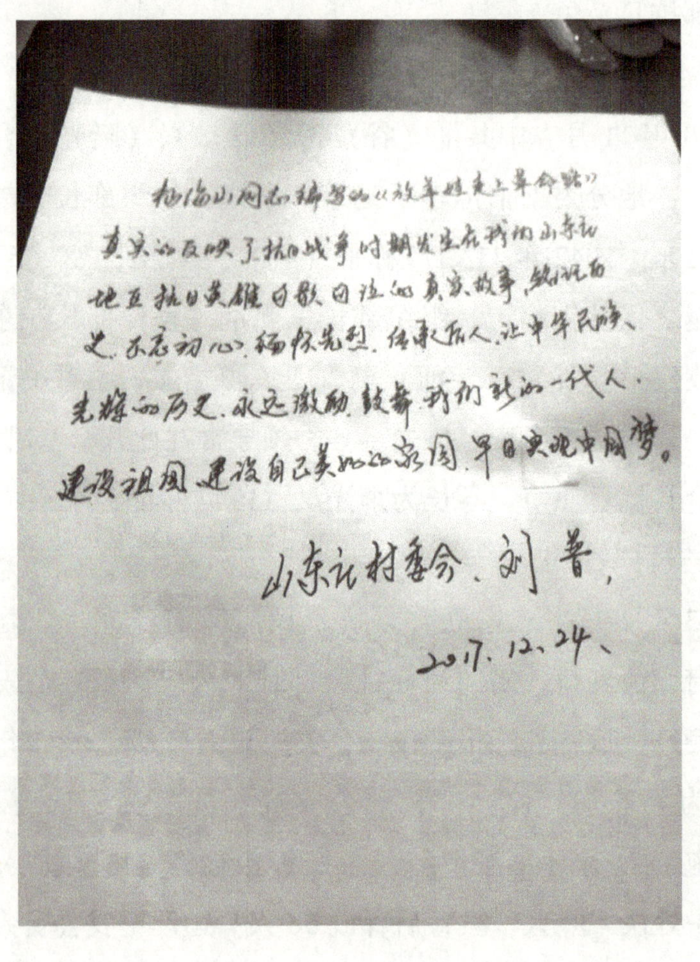

杨海山同志编写的《放羊娃走上革命路》
真实的反映了抗日战争时期发生在我们山东庄
地区抗日英雄可歌可泣的真实故事，缅怀历
史，不忘初心，缅怀先烈，传承后人，让中华民族
光辉的历史，永远激励，鼓舞我们新的一代人，
建设祖国，建设自己美好的家园，早日实现中国梦。

山东庄村委会、刘普，

2017.12.24、

第二部分

解放以来开拓者的华章——牧歌

旧式传统猪舍

旧式传统鸡舍

旧式传统猪食槽

旧式传统农户养鸡

序　言

本部分通过专家、学者和领导者的描述，展现畜牧工作者们，从解放初期到改革开放的六十余年里，努力拼搏不断奋进的华美乐章。一代又一代的畜牧人，用他们的实际行动，在祖国不同的历史时期，谱写出畜牧业不断发展的胜利凯歌！

邓小平南巡讲话，让畜牧工作者们迎来了改革开放的春风。特别是老一辈先驱们，在拼搏中为畜牧人积累了宝贵的经验。给畜牧业的发展打下坚实的基础。改革开放初期，从防疫到治疗，从饲养管理到畜种改良，从科技创新发展到管理现代化，从技术上推动了畜牧业的发展。在改革开放时期，国营、集体、专业户养殖齐头并进的年代，使畜牧业取得了翻天覆地的变化，经畜牧人的努力，畜产品在市场上，肉、蛋、奶供应满足了人民的生活需要。并保证人民食入的产品无药物残留、无公害，保证对人民身体安全健康。

从技术上推动和畜牧业的发展，在那个国营集体专业户养殖齐头并进的年代，经过畜牧人不懈的努力，肉、蛋、奶的产量在大幅提升，基本满足了人民生活生产的需要。同时集约化、规模化、现代化、生态化的养殖不断涌现。科学无害化养殖日益加强，确保了畜产品无公害、无药物残留、保证了广大人民的身体安全健康。

本文以畜牧业历史发展进程为主线，以记叙性、新闻报道性出发，收录各时期文章进行编撰。弘扬畜牧人吃苦耐劳，艰苦奋斗，开拓进取的创业精神。新时代的我们，要进一步发扬传统、继往开来，为祖国畜牧业走向现代化、标准化、信息化而不断奋斗。

笔者选编从新中国成立至中国共产党第十九大召开前，平谷地区畜牧战线上工作者的英雄事迹以点带面，展现祖国畜牧业不断发展壮大的过程。展示畜牧人在中国共产党领导下、不断开拓、不断创新、不断发展的历史新篇。呈现了畜牧人在各个岗位上，忠于党忠于人民、为丰富人民生活，为人民谋福祉，共同携手前行的故事，以飨读者。

第一章

新中国的畜牧业蒸蒸日上

本章序言：笔者通过亲身经历和调查走访，向大家展示了解放初期，畜牧人在共产党领导下，克服千难万险、不断拼搏，把落后的畜牧产业不断推向前进。

1949 年新中国成立后，在中国共产党的领导下，大力恢复生产，畜牧业也得到了快速发展。新中国成立初期，家畜疫病多。组织防疫队伍，作好疫病防治迫在眉捷。政府开展爱国增畜运动，奖励繁殖和发布严禁宰杀耕畜的法令，使耕畜逐年增多，对当时发展农业生产起到了有效作用。养殖业也得到发展。

第一节　我认识了 1952 年首任平谷县畜牧兽医站站长赵奎三

（我指杨海山）

我记得这是在 1976 年春天，县委召开四级干部会，提出“以粮为纲全面发展”，强调农、林、牧、副、渔业全面发展。会后我来到平谷县畜牧局。一进畜牧局大门，见到一个高个儿的男子在清扫路面。他一见我，就与我打招呼，“同志，您找谁?”我说：“我是来县里开会的，散会了，我来咱畜牧局看看。”他说：“你是来找高书记吧?他去开会还没回来。”我说：“不是。”他已扫完地放下工具，就招呼我到警卫室喝水。这个人大高个儿，浓眉大眼，膀大腰圆，身体很魁梧，但说起话来很和气，脸带笑容，和蔼可亲，看起来60岁左右。我听人说，这个人就是解放以来首任平谷县畜牧兽医站站长赵奎三。

我有意和他聊天。我知道他人品好，在平谷县是一个出名的抗日干部。在抗日时期，他虽然在警防队任小队长，但一直心系中国的老百姓，从来不依仗日本人欺压老百姓，而是千方百计给穷苦人办事。他善交朋友，书中的王世勋、贾凤楼是他在集市上的好朋友。他是负责给警防大队采购物资的干部，他常到集市上采购，和集市上的老百姓（包括市场上的牲畜贩子和前来集市买卖牲畜的老百姓）都很和气，公平交易。日本人如有些外出（烧、杀、抢）活动，他知道的都与他要好的朋友通报，所以减少老百姓好多损失，受到老百姓的称赞。老百姓也愿与他交朋友，牲畜买卖常找他帮忙（他是抗日时期起义参加八路军抗战的人民功臣）。

我说：“您是兽医站的老站长，我这个小站长应向您学习。”（我当时在山东庄兽医站当站长）他说：“解放初期，中国很穷，底子薄，要发展畜牧业，特别是要发展耕畜和养猪业，党派我当站长，我很高兴，也愿干好。到兽医站首先是组织兽医队伍，联系民间兽医，招收有知识青年进入畜牧队伍，治疗牲畜疫病和预防牲畜疫病。组织上安排技艺高的许成，中医崔成清和由部队转业的李春瑞当股长，后来还有焦世连由部队转业来到兽医站。当时党组织要求培训技术员，我们组织培训了几批技术员。每批20个人，培训后，回乡、村当兽医，有的留在兽医站。畜牧兽医队伍扩大了，发展畜牧业才有保障。在乡兽医站工作的兽医有：赵洪臣、王廷奎、岳广成、费连珠等同志，他们奔波在农村，非常辛苦。打防疫针，预防牲畜疫病起到非常大的作用。”我说：“我刚认识他们，应好好向他们学习。”他还鼓励我说：“要好好干，干一行爱一行，为党和为人民多做贡献。现在的工作比解放初的工作好干多了，现在咱畜牧系统有国家培养的大学生、中专生，这些人专业技术好，懂知识，有能力。现在老百姓对疫病防治，打防疫针都愿意做，都很支持。防疫猪瘟、鸡瘟等各种疫苗都很齐全。在解放初，老百姓不愿给牲畜打防疫针、防疫用的疫苗供应不足，我们自己还研制过疫苗，现在疫苗效果好、安全，老百姓很愿意做。现在的防疫队伍健全，县、社、大队都有，人力、物力充足，防疫工作好做多了！”他的一番话使我对自己干好本职工作，信心倍增，提高了干好本职工作的信心。

第二节　好的领导是引领行业前进的舵手

我在畜牧战线工作将近三十年，经历了高贺荣、邢瑞田、屈连辉三位局长和王甫臣、王世铎、范长青、李春瑞四位县兽医站的老站长，还有优秀乡站站长张贵和史自合（提任县站站长）。他们是扎实工作、忠实于党、勤勤恳恳、廉洁奉公的好领导，他们各有特色，踏踏实实为党工作，并没有什么豪言壮语，更没有什么个人追求和谋取私利。他们对我的影响很深，使我奋进，激励我沿着他们的脚印不断成长和努力地工作。他们这一代一代的领导影响着畜牧兽医工作者，奋力拼搏，为祖国畜牧业不断向前发展而作出自己应有的贡献！

王甫臣同志是“文化大革命”后期恢复县兽医站的首位领导。他不懂兽医，但他以言传身教的实干精神，激励我们每个兽医工作者积极工作、努力学习。在畜禽疫病防治工作中奉献自己的力量。

王世铎同志作为王甫臣站长的助手，不仅诊疗技术好，服务周到，而且待人和气，团结同志，廉洁奉公，是我们所有在职人员学习的榜样。我们没有理由不好好工作。接任王甫臣同志的范长青站长是从部队转业来的部队军马兽医，懂业务，而且工作谦虚谨慎，大公无私，工作扎实，说干就干，雷厉风行。使这个时期畜禽防治工作有了更好的进展，受到市、县畜牧部门的一致好评。由于工作需要，范长青站长调任畜牧局畜牧科，又调来了畜牧改良站的站长李春瑞同志与县畜牧兽医站合并任站长。李春瑞站长是部队转业的抗日老战士，他心直口快，工作扎实，爱护同志，勇于担当。他是一个干一行爱一行的老同志，他把县畜牧改良站的人工输精工作搞得有声有色，对当时靠大牲畜耕种来说，搞好大牲畜繁殖是一件大事。他扎扎实实在这里工作十八年，为这个时期人民公社生产，保证大牲畜繁殖起到良好作用，受到广大人民的欢迎和称赞。他与北京农业大学毕业来平谷工作的侯昆生同志配合很默契，受到市县领导的多次表扬。李春瑞很善于支持和领导他手下的工作人员搞创新，提高技术水平。县改良站在他的领导下，多次获得畜禽改良方面的科研成果，如深井下保存精液的研究获市级科技进步二等奖，猪的人工授精技术推广二等奖等。

我在城关兽医站时，支持我开展畜禽诊疗工作，他把 X 光诊断仪直接交给我们站，使我们的诊疗技术不断提高，受到人民公社广大社员的好评。

第三节 克服困难保证畜牧业蓬勃发展

在改革开放以前，畜牧兽医人员是自负盈亏，畜牧兽医单位是自食其力的事业单位，但工资制度还是按国家统一标准发放。畜牧兽医人员收取各项服务费按国家统一规定标准。如：割骟费、各种防疫用的疫苗费、治疗用的药费、诊费、手术费都按国家规定标准收取。改良品种也按配种次数和成活率计算收费。畜牧兽医人员所有服务费都按国家收费标准收费，用收上的资金发放工资。

畜牧兽医人员不仅要作好畜禽的防治工作，还要走门窜户抓好饲养管理和畜禽品种改良工作。工作劳累、繁忙，但有时工资还发不够，所以后来，畜牧兽医系统都抓养殖、搞创收。局直属建种畜禽场、养殖场，乡站建小型养殖场创收来补充所收诊疗服务费不足发工资的部分，畜牧兽医系统度过了五十多年艰难岁月。改革开放，走上市场经济后，国家经济形势发生突飞猛进的发展，北京的畜牧系统才实行国家财政发工资。畜牧系统发生翻天覆地的变化，彻底颠覆了自负盈亏的体制。畜牧系统走上欣欣向荣，走上一心为畜牧业服务的轨道。

我怀念在这五十多年里，为畜牧业奔波劳累的同行们，他们有的已过世，有的已退休，我为你们勇于克服困难、敢于担当，永往直前为祖国畜牧业不断向前的畜牧人点赞。由于我文笔短浅，写不出你们所做出的辉煌的可歌可泣的伟大事迹，仅选编一些畜牧人的文章，以表怀念。

后面的几章就是由平谷文史选辑摘选的文章，记述了新中国成立以来祖国畜牧业的发展和可歌颂的优秀代表和模范事迹，以表对前人们为畜牧业不断开拓进取精神的怀念，供后人阅读后，激发他们不断创新，为祖国的农牧业现代化、产业化、标准化、信息化的早日实现，保证人民有足够的安全的肉、蛋、奶食品而奋斗！

第二章

“大跃进”时期后北宫养猪业及并生荣誉

编者前言：本章讲述的是畜牧实践者在解放初期的亲身经历。

新中国成立初期，我国经历了“大跃进”“文化大革命”等曲折的发展历程。在那个纯真的年代，老一辈畜牧先驱，在党中央和毛主席的领导下，大胆创新、大胆实践，于曲折中探索出畜牧发展的新出路，使我国的畜牧业，即便在“文革”动乱时期，也有了稳步长足的发展。特别是党从历史经验中找到“养殖业要集体与私养”并行的两条腿走路的方针，进一步促进了畜牧业的发展。

下面，就让作者带领大家，一起回溯十九世纪五十年代，农民在养殖业拼搏奋进的故事，共同感受那段难以忘怀的青葱岁月。

（下页图：平谷人民在养殖业获得国务院、我们敬爱的周总理亲自签发的奖状，这是平谷人的骄傲）

一、在“大跃进”形势下，对社会生产力所产生的一些推动促进作用

那是一段喜忧兼具的历史，值得称道的是民众的那种改天换

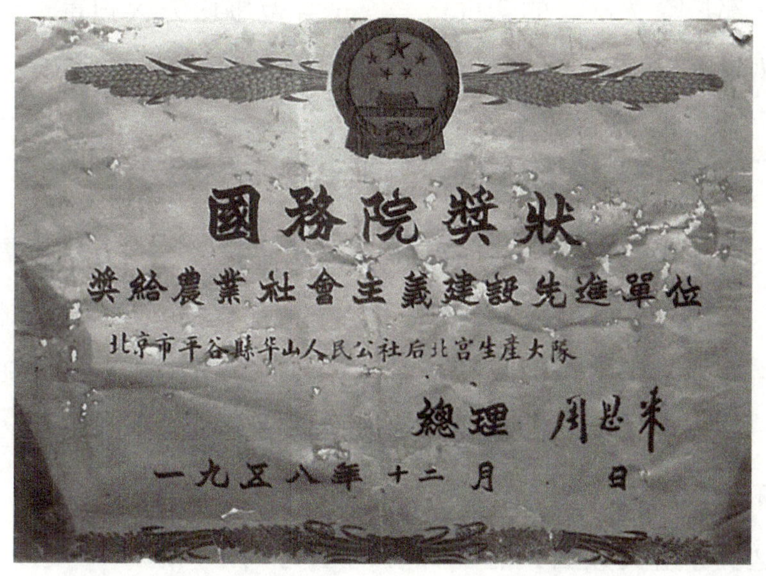

國務院獎狀

獎給農業社會主義建設先進單位

北京市平谷縣华山人民公社后北宫生産大隊

總理 周恩来

一九五八年十二月 日

1958 年国务院颁发给后北宫大队“农业社会主义建设先进单位”奖状

地的英雄气概和追求精神！当时，全国流行着许多豪言壮语，经历过那个年代的人至今耳熟能详，如“天上没有玉皇，地上没有龙王，我就是玉皇，我就是龙王”“人有多大胆、地有多大产”等等。

当年“大跃进”运动在建设上追求大规模，提出了名目繁多的全党全民“大办”“特办”的口号，例如，全党全民大炼钢铁，大办铁路，大办万头猪场，大办万鸡山。

在这样的背景之下，在诸多目标和口号之下，平谷县大华山公社后北宫万头猪场应时而生。此外，还有一些万人运动搞得轰轰烈烈，比如大华山公社在 1958 年 4 月，根据县林业“跃进”大会提出的“苦干一年，绿化全县”的口号，发动万人上山造林。还有根据县文化、教育事业的“跃进”誓师大会精神，这一年提出了“普及中小学、村村幼儿园、青壮年文盲全部入学，8 月 1

日前全部扫除文盲”的跃进口号，全乡范围内万人扫盲运动开展得热热闹闹。至今回看这些事，当时还是有一定积极意义的。

二、畜牧大跃进发展养猪业，全民积极参与

大概是在 1956 年，根据中央有关指示精神，平谷县发展畜牧养殖，在后北宫村搞起了试点，引进了 50 头牛、182 只新疆细毛羊，并集中了村里的牛羊等，大规模搞起了畜牧养殖，由于经验不足，有些事儿想得不周全，出现了牲畜口粮短缺、随意吃啃踩踏破坏庄稼现象，养殖结果不太理想。

这次养殖失败后，随即又转向了另一个目标——发展养猪。早在 1951 年，人民政府就号召大力发展养猪。那时养猪的首要目的是造粪，所谓“庄稼一枝花，全靠粪当家”“有肥就有粮，有粮养畜牧”。那个年代几乎没有化肥，种地基本上使用的就是农家肥，而农家肥主要是通过养猪获得的，所以养猪就显得十分重要。

当时，平谷县大力奖励养猪积肥，使生猪养殖得到大发展。1957 年初，我县建立了县、乡、社三级生猪生产指导委员会，并制定了“给母猪留粮、留地”和粪肥奖励政策。全县各社队开始实行了按农户粪肥质量、等级、驮数奖励工分，参加夏收和秋收分红的办法，同时我县还拿出资金作为养猪奖励基金，促进了养猪业的发展。

随后，掀起“畜牧大跃进”热潮。1958 年平谷县正式划归北京市之前，属于河北省唐山专区，我们到遵化开了一次农业生产大会，现场参观了养猪场。回来后，生产大队的几个干部马上开

会，找差距，想办法，当天就做出决定：盖大猪场，地点选在东庄头石崖下，大约占地 10 亩。说干就干，真是争分夺秒，连夜就奋战起来了，没有砖石就拆墙，拆影壁墙、拆后院墙、拆闲墙，凡是街头巷尾能拆的不妨碍各户生活的墙，几乎都拆了。12 个生产队，每个生产队都有人赶着小毛驴拉砖石。村里的墙拆完了，石头不够用，再到河滩、山坡等地方去找。夜战时没有电，就弄来汽灯点着。生产队长都带头跟着干，夜战一般到 12 点以后。就这样，用了三五天功夫，共 4 排“双列式”猪舍、每排 13 间的规模养猪场就成型了。

有了猪场还要有猪，接下来我们开始收各户社员的猪。集体作价，按育肥猪、种猪及猪的大小分类定价，一下子就收了几十头猪。我们坚信上级领导提出的“猪多肥多、肥多粮多”的号召，一心想着扩大猪场，养好猪，种好地，多打粮。

猪场初见规模，畜牧局又把我们当成了试点，给我们进行技术指导。公社兽医站的赵洪臣专门负责防疫，为猪场发展立下了汗马功劳。有了政策和技术的支持，我们又向着“万头猪场”的目标努力，猪场规模越来越大，从最初的几十头猪发展到最多存栏 6 000 多头，工作人员也从十几个发展到 70 多人。在这些人里，年龄最大的 60 多岁，比如景士军、张作如，他们在猪场干活，是因为这两个人有做豆腐、漏粉的手艺，特别是做豆腐的手艺很实用。我们后北宫村大，1 000 多户，每天几乎都做上一两道豆腐，做豆腐剩下的渣子正好喂猪，只当给猪增加营养了。

猪场中还有部分妇女，未婚居多，当时在猪场附近山崖上醒目地写着一句标语：“不达万口猪，不结婚。”以景瑞兰为代表，并由她具体负责一些猪场事项，带领18名妇女烧泔水、喂猪、打猪草，每天基本围着猪场转，每个人工作量不小，忙时吃住在猪场，大家都很乐观。因为在猪场表现突出，景瑞兰成了县里和全国典型，经常去各地宣讲介绍经验，县里还把她的事迹做成幻灯片，用电影进行播放，影响力很大。

县里特别鼓励生猪生产，还成立了专门的生猪指导委员会，我们后北宫村的“万头猪场”受到重视，几乎每天都有来参观学习的。年出栏的生猪交给国家，由供销社统一收购，按猪的斤数对生产队进行核算。

三、养猪业奠定基础，所获荣誉至今堪记

就在我们村养猪生产发展特别好的势头下，1958年12月，县里通知我们到北京参加全国农业社会主义建设先进集体表彰大会，也就在此前，我们平谷县刚由河北省唐山专区划归北京市。

记得当时，李清县长带着后北宫村的副书记景广以及北石渠村的村干部，一行4人到北京参加大会。会议是在工人体育馆开的，大概有近万人参加，分别来自全国各地。开幕式那天，周总理讲话，除了毛主席因公务没到场，中央领导基本上都参加了大会。会议持续了几天，期间又开了一些先进单位讨论发言的大会和小会。最让人难忘的是闭幕式那天，提前我们听说给毛主席发电报，主席正在外地视察，就不来参加大会了，觉得有些遗憾。可就在会议进行当中，突然台上领导宣布：“全体起立！”有人马上喊：“毛主席来了！”一听到这消息，大家兴奋不已，拼命地鼓掌，自发地大声高喊：“毛主席万岁！毛主席万岁！……”声音

越来越高，人们越来越激动，毛主席走到会场当中，和台下坐着的部分代表握手，我们每个人都盼望着能和主席握手，可人山人海的会场，不可能都和主席握手，但我们的手还是不自觉地伸了出去，一会儿拼命鼓掌，一会儿又把手伸出，整个会场沉浸在一片激动的热潮中。几分钟后，毛主席离开了会场，没有讲话，但他高大的身影留在了人群中，留在了我们的记忆中。

也就是在这个会场，我们亲眼看到朱德元帅被人们团团围住的场景。那个年代，人们对中央领导近乎一种神化的崇拜，狂热的崇拜。

会议结束从北京回村后，当天晚上就在大队院里召开社员大会。社员们都亲眼看到了奖状，也听到了会议情况，当听到毛主席、周总理等中央领导参加大会，社员们虽然没到现场，却也跟着一起兴奋。随后村里又做了动员，鼓励社员，要再接再厉，发展养猪业，贯彻农业“水、肥、土、种、密、保、工、管”的“八字宪法”，尽快实现“精米白面是口粮，想吃白薯尝一尝”“楼上楼下，电灯电话”的生活目标。作为一名农民，能亲身参加那么高规格的表彰大会，赢得国务院嘉奖，真是激动不已，那情景至今催人奋进。

那张大奖状上写着：国务院奖状，奖给农业社会主义建设先进单位，北京市平谷县华山人民公社后北宫生产大队。奖状右下角印着周恩来总理的亲笔签名，时间是 1958 年 12 月。这是我们后北宫大队值得夸耀的一项荣誉，后来这张奖状被区档案局征集走了，在档案局得到了更好的收藏保管。

景瑞兰作为当年猪场的一名主力，曾获得了“养猪铁姑娘”

荣誉，在县领导路晓龙带领下，参加了全国畜牧表彰大会，受到周恩来等中央领导的接见，并合影留念，可惜那张珍贵的照片在“文革”中被烧毁了。

伴随养猪业所并生的一系列荣誉，至今仍然记忆犹新，记忆中有苦涩也有收获，这些都是最难忘的存在。

回望那段历史，感觉畜牧大跃进没有那么差。只觉得那时一切都是朝气蓬勃的，无论做什么事人们都有使不完的劲。那时做的事情实在是数不胜数，现在想想简直不可思议，人怎么有那样超强的力量。历史留给我们的不仅仅是一个时代的记忆，还有值得回味一生的殊荣以及用不尽的精神财富。

口述：景广 91 岁，原后北官村副书记

王庭相 92 岁，原后北官村“万头猪场”场长

景瑞兰 81 岁，后北官村人

整理：周彩伶，平谷区政协学习文史委主任

王森信，区大华山文化站站长

第三章

选育优良品种，发展畜牧业

——两场为全区畜牧业作贡献

作者　崔风瑞

编者序：

自改革开放以来，在中国共产党的领导下，我国的畜牧业得到了空前的发展。特别是畜禽良种的选育和培育工作，如雨后春笋，在全国各地遍地开花。新一代畜牧人以科学创新精神为根基，以科学发展观为指引，全面践行人工育种及畜禽品种改良工作，涌现出一批又一批的先进模范和工作代表。他们的事迹为我国的畜牧业发展平添了光辉的一笔，为后人作出了很好的学习榜样。崔风瑞同志就是其中的典型代表，让我们随作者一起走进风瑞同志那曾经峥嵘而光辉的岁月。

改革开放后，我们积极探索畜牧业发展新路。在推广新技术、向科学进军方面，建立平谷县畜牧局种鸡场、种猪场，并使两场不断发展，一个时期内对全区养殖业作出了重大贡献。现主要通过工作经历来回顾展现“两场”为全区畜牧业发展所作的历史性贡献。

平谷区畜牧局种鸡场的前身是平谷区畜牧局家禽科养鸡场，1991年2月成立蛋种鸡场，属于差额拨款全民事业单位，位于王辛庄镇后罗庄村南，占地28亩，饲养蛋种鸡2万套。我当时任副场长。

1993年10月，因工作需要，种鸡场前任场长马长江同志调离另有任用，由我担任种鸡场场长职务，抓全面工作。此前我从事蛋鸡、种鸡饲养管理、防疫技术工作多年，有较好工作基础和经验。在我任场长期间，两年多时间取得了建场以来最好的经济效益和社会效益，为全区禽业发展作出了一定的贡献。

一是引进优良种鸡品种，取得好效益。

我任场长后做的第一件事就是种鸡更新，引进优良品种。在这之前种鸡场以饲养白来航鸡为主，但是我发现市民那时已开始由吃白皮鸡蛋转向喜欢吃红皮蛋，抓住这个机会，我决定将场内种鸡全部改为产红皮蛋的迪卡、海兰褐蛋种鸡。并且种雏都从全国知名原种场上海大江鸡场及北京峪口鸡场引进。该品种种鸡长得快，体型比来航鸡大，产蛋率高，蛋皮为红色，蛋个体重，深受养鸡场户欢迎，生产出来的商品蛋更是受到消费者的喜爱。雏鸡种蛋供不应求。1994年全场经济效益翻一翻，获取纯利润58万元，创种鸡场历史最好成绩。

二是抓好种鸡生产，提高种蛋质量。

蛋种鸡行业，种鸡是关键，种蛋质量是生命线。我场制定了一整套科学管理办法，种鸡饲料从自己配料逐渐改为北京正大全价饲料，确保了种鸡营养。在管理上有一日工作程序，鸡舍光照、温度、通风随季节变化不断调整，确保种鸡高产，种蛋合格。种蛋捡出鸡舍后立即进行福尔马林、高锰酸钾熏蒸消毒，种蛋在17℃保鲜库存放，最长保存4天必须入孵，这一系列做法确保了种蛋出雏质量。

三是建立健全防疫消毒制度，确保种鸡健康无病。

从雏鸡出壳以后，立即进行马立克氏病疫苗、鸡新城疫、鸡传染性支气管炎、喉炎、鸡痘等疫苗接种，严格免疫程序，特别对种鸡白痢净化更加严格，每批种鸡逐只进行扎血化验，测得阳性鸡坚决淘汰，一只不留。坚持免疫抗体检测制度，低抗体鸡群及时补免，鸡群保持免疫抗体。全场坚持防疫消毒制度，进生产区必换服装或白大褂，非生产人员禁止进鸡舍，生产区每周消毒一次，鸡舍坚持每周一、三、五消毒制度，场大门口消毒池里的消毒液长期保持有效。

四是抓好雏鸡种蛋销售和售后服务，收入实现最大化。

种鸡场效益高低，产品销售是重中之重，我们专门成立了销售队伍，1994年新购置一辆雏鸡送货车，销售负责人按雏鸡订单入孵种蛋，雏鸡送货上门，种蛋销售按计划安排客户，坚持信誉第一，质量第一。长期配有经验丰富的兽医技术人员做售后服务工作，配了一辆专用车，坚持售后跟踪服务，技术指导。雏鸡以供给本区规模养鸡场为主，种蛋除保证本地区供应以外，还远销三河、蓟县以及黑龙江绥化地区的7家孵化场，雏鸡、种蛋质量受到广大用户的好评。

1996年3月，畜牧局党委决定原种猪场场长李小丰同志到局里任副局长，我由种鸡场调任种猪场场长职务。一开始我有些担心，李小丰担任种猪场场长时干得是那样出色，我能行吗？的确有压力。既然局党委这样信任我，没有别的办法，我坚定信心，虚心学习，踏实苦干，一定要带领全场干部职工把平谷区种猪场发展壮大起来。

北京市平谷区种猪场始建于1989年，是全民事业单位，位于王辛庄镇后罗庄村南，占地32亩。我接手时，全场饲养基础母猪500头，年出栏种猪4 500头，出栏商品肥猪4 000头，饲养种猪品种为大白、长白、杜洛克猪，种猪销往全国20多个省市。2003年11月，平谷区畜牧服务中心决定种猪场改制为北京绿都种猪育种有限公司，我任董事长、总经理，在编职工全部入股参加了股份制改造。单位产权产生了变化，股东工作积极性很高，企业发生了明显变化，利润逐渐增长，企业得到飞跃发展。

到了2008年12月，根据北京市畜牧兽医体制改革精神，局党委做出了公司停止营业的决定，全体职工被分配到平谷区动物卫生监督管理局其他岗位工作，种猪场也完成了它的历史使命。我在种猪场工作期间，重点做了以下几个方面的工作。

一是基础设施建设及改造。

时至1998年，种猪场已经建场10年，生活区、办公区的房屋和生产区猪舍均为质量粗糙的大沟水泥瓦和石棉瓦结构，大部分房舍已经漏雨。生产工艺还是建场初期的母猪舍大圈饲养、产床大连铺，母猪、仔猪、培育猪在一栋舍混养，粪便排污还是钢筋漏粪板、大粪沟排污。多数饲料原料在院内露天存放，依靠简单的塑料布遮雨。这些设施及饲养办法已经远远不能适应形势的需要，同时正赶上1999年北京市农业局对全市原有种猪场进行验收发证，种猪场远远达不到验收标准，改造势在必行。由此，对全场生活区及生产区所有房屋及设施进行了大规模改造。

生活区的改造。生活区包括办公室、会议室、职工宿舍、伙房饭厅、饲料库房、销售室等，共计改造、新建51间。院内新建12间饲料库房，大门口外西侧新建药品销售、养猪设备销售用房13间。大门口东侧改造销售科、待客室、洗浴室、展示厅共8间。院内新建影碑一座，竖国旗一面，生活区面貌大为改观，焕然一新。

生产区的改造。生产区共计改造7栋猪舍170间。其中4栋大沟瓦猪舍全部改造成钢制大红瓦，3栋轻体拱棚式猪舍重新刷油补漏一遍，外墙用白灰整体粉刷，既干净漂亮又有消毒作用。猪舍内安装了畜禽舍空调、雾化降温设备，母猪舍改为单体固定栏、半限位栏，产房、培育舍改为单元式全进全出新工艺，育肥舍改成小孔排污、人工捡粪方式。所有设施进行了更新换代，生产工艺得到了彻底改造，为提高生产率打下了良好基础。1999年，经北京市有关部门验收，种猪场一次通过，并发予了“种畜禽准生产许可证”。

由于生产规模不断扩大，2003年我们又租用夏各庄孔雀场西侧原有闲置的6栋禽舍进行了改造，共计改造猪舍4 600平方米，可饲养母猪300头，进一步扩大了生产规模。

二是种猪品种的更新、选育和生产。

建场初期，本场以饲养美国迪卡配套系种猪为主，为全区的规模猪场提供了种源。因该种猪群带有传染性猪萎缩性鼻炎，到

1997 年上半年被全部淘汰。1998 年由河北省玉田县畜牧局原种猪场（中国与加拿大种猪育种合作项目场）引进加系大白猪 150 头、长白猪 50 头作为本场的核心群。经过 2 年多扩繁，扩大到 500 头，种猪生产性能品种质量逐渐得到提高，种猪销售市场占有率及经济效益得到了明显提高。

2004 年，先后从广东省光三宝种猪育种有限责任公司引进美系大白猪、美系长白猪、台系杜洛克种猪 50 头，从北京养猪育种中心引进英系大白猪、长白猪 300 头。从此本场生产的种猪质量又提升了一大步，新品种、新品系进入基础母猪繁殖群，生产销售出去的种猪深受全国各地客户的好评，经济利润飞速提高，连续 6 年实现利润 100 万元以上。

从 2000 年开始，公司先后参加了全国大白猪、中国长白猪、全国杜洛克猪育种协作组，按协作组发放的种猪育种实施方案选育规程、性能测定方案开始种猪选育工作。坚持每年参加种猪协作组会议提供选育数据。2001 年在全国长白猪年会上做了重点发言，受到同行的好评。同年从中国农业大学引进 GBS 育种软件系统，指导种猪生产选育工作。同年又购进 B 超测定仪、电子泵等专业设备，聘请中国农业大学陈清明教授指导选育技术。2003 年参加了全国种猪遗传评估，每年向北京市兽医总站提供选育测定数据。

根据本场实际情况，我主持制定并编写《种猪生产操作规范》《一日工作程序》《种猪饲养技术手册》等，对各个阶段的技术标准做了明确规定并实行了制度化管理。

三是防疫卫生保健。

种猪场不断完善防疫卫生措施和设施，建立了化验室，配备了冰箱、干燥培养箱、高压消毒锅等化验用具，能够做药敏实验等简单的化验。制定本场的防疫制度、免疫检测制度、病死猪无害化处理制度，同时配有专用的病猪隔离室及配套的诊疗设备。

制定猪群免疫程序，对猪瘟、口蹄疫、蓝耳病、伪狂犬疫苗坚持高密度接种预防，坚持一猪一针头。严格消毒程序，每周二、四、六生产区消毒，全场每周消毒一次，保持全场环境整洁干净。每年两次集中灭鼠，经常性灭蚊蝇。根据猪群实际状况，定期投保健药预防细菌病多发病的发生，坚持动物上市前休药期。

四是实行岗位责任制。

为加强管理，从场长到技术员、饲养员、后勤人员全部实行岗位责任制，有效增强了全体人员的责任心、凝聚力。各项任务指标落实到组、到人，工人完成本人的岗位责任，发国家规定的基础工资、津贴工资，两项之和为保底工资。有量化指标的生产人员、销售人员按实际完成数发给剩余活动工资为效益工资。没有指标的如会计、保管、后勤人员按各组完成的平均比例计算工资，场长按副场长完成比例计算工资。各项经济指标都与成本挂钩，全场杜绝浪费，禁止跑、冒、滴、漏，收入实现最大化，企业发展蒸蒸日上。

五是社会效益显著。

建场初期以销售员在本区规模场、养殖户推销种猪为主。从1997 年开始，到河南、河北等地设销售点，以此方式扩大市场。2001 年后采用电视宣传、报刊宣传、参加全国包揽会议发放宣传材料、展示等营销策略，在国内销往云南、河南、新疆、东三省等20多个省市。2003年种猪销售走出国门扩展到朝鲜市场，每年销售种猪6 000余头。更主要的社会效益有以下几个方面。

首先是平谷区种猪场的发展，带动了本地区养猪事业的快速进步。截至2008年，平谷区规模养猪场达180个，散养户200个左右，每年出售商品肥猪20万头以上，达到国家养猪大区标准。

其次是带动本地区养猪工艺向前跨越一大步。将原有母猪大连铺、大小猪同一舍混养传统工艺，改造成单元式全进全出新工艺。全区各养猪场纷纷到我场学习养猪工艺。每个规模猪场每年节约冲猪舍用水3 000吨，减少污水排放2 190吨。

最后就是带动了本地区优良品种种猪改良。本地区绝大部分猪场都选择了我场的品种。行业专家称赞说，“平谷的大桃好吃，种猪更好”，确实提高了平谷在全国养猪行业的知名度。

经过十多年的努力，养猪场取得了可喜的成绩。2003年9月在北京国际种猪博览会上荣获长白猪金奖。种猪场连续6年被区委区政府评为“平谷区精神文明建设单位”。2010年，我荣获中华人民共和国农业部农业技术丰收奖一等奖。

崔凤瑞　原平谷县种猪场场长

作者简介：崔凤瑞，毕业于北京平谷五七大学兽医专业，历任平谷区畜牧局种鸡场场长，平谷区种猪场场长，平谷农业局畜牧科主任等职，在平谷畜牧改良站期间是我的得力助手。后因工作需要被调至局里工作。他肯于研究，善于学习、勤勤恳恳、上进心强、有较强的开拓创新精神，为人和善、工作扎实，是一位德才兼备的优秀畜牧人才。

第四章

四十年如一日坚持畜禽防疫

作者　赵洪臣

编者序：本篇文章作者赵洪臣，是伴随新中国成长起来的畜牧业老前辈，是我国畜牧业发展的实践者和见证者。赵老在我心中一直是一个值得敬仰和学习的楷模。他那勇于创新，不断进取，兢兢业业，大公无私的革命精神，始终鼓励和鞭策着我，是我学习的榜样。当得知我把他的事迹和文章选编到本书中时，赵老谦虚地说："我的事很平凡"。但我要说，平凡的人在平凡的岗位上坚持一辈子，就是不平凡，值得我们学习和敬佩。

（作者简介：赵洪臣，1936 年 12 月出生，1957 年 6 月毕业于北京密云二中。1957 年 10 月 1 日参加工作，创建平谷大华山兽医站，40 年如一日，始终坚持在大华山镇，没有离开兽医岗位，经历了大华山镇畜禽养殖的发展起伏，在畜禽防疫和治疗上作出了他应有的贡献。在平谷畜牧兽医战线，是一位很受同行们尊重的老兽医。）

第一节 正宗的“光杆司令”

我初中毕业时，正赶上新中国成立后畜禽养殖由社会自然养殖向国家计划养殖，由家庭散养向集体规模养殖转变的起步时期。国家号召大养其猪，要求一人一头猪，一亩地一头猪，猪多肥多粮食生产才能上去。平谷县政府抓养猪积肥，大力推广大辛寨“猪多、肥多、粮多”的典型经验。为推动全县养殖业发展，县畜牧兽医站从1956年1月开始，在县城南岔子街连续举办3期畜牧兽医培训班，每期20多人，利用3个月时间，系统教授畜牧养殖基础知识。学员由各公社推荐，推荐的一个硬条件是必须有文化，指标是每公社1人，定向培训。我是第3批参加培训的。

当时，大华山公社编制只有7个人，其中畜牧指导员王合（抗战时期参加八路军的老领导）负责管理全公社畜禽生产。那时候在农村找一个文化人不容易，经过多方打听，终于找到了我。王合一看我的毕业证，说：“好，就推荐你了。”我在学习班学习的时间是6—9月。9月底，学习班结业，就直接分配我到大华山公社工作。报到当天，和我谈话的有公社书记崔同松、乡长黄振生、大华山供销社副主任兼畜牧指导员王合。给我的任务是建立大华山兽医站，负责全乡20个大队78个生产队的畜禽防病治病，王合是我的直接领导。说是兽医站，实际就我一个人从家里拿个兜子，装上县里发的两种金属针管，这就是兽医站的全部家当。我担任大华山兽医站站长，手下没“兵”，没有办公室，没有宿舍。我家李家峪距离华山18里多，来去很不方便，就跟王合一起住在大峪子村一农户家里，是个正宗的“光杆司令”。给我定的工资是每月23元，资金来源于为集体和个人的畜禽治病防病所收费用，收费标准是每头猪、每只羊1角。自收自支，自负盈亏。没有周转资金，用药须自己先到供销社掏钱垫付，再从用户收回。王合负责日常资金管理，凭针证到他那里报账。

第二节　防疫是政治任务

刚上班第二天，领导把我叫到办公室，急切地告诉我：“当下建站不着急，更急的是几个村都闹动物疫病，你立即行动，先摸清情况，再采取措施。”这是我到岗接受的第一个任务。我马不停蹄，从华山村开始，大小峪子，前后北宫，平原村查完后查山区村，每到一村都要进圈舍，采取手摸体温、翻眼皮、看鼻孔的办法检查大牲畜和猪鸡，连续3天早出晚归，走遍各村，掌握到了实际情况。共有两种流行疫病。一是人、畜共患的炭疽病。大牲畜得不到及时治疗就长“黄”，死亡率较高。传给人，容易长“疔”，治疗不及时也会死亡。经常有患病大牲畜死亡，还有因此死人的病例。传给羊死亡最快，叫两声倒地就完。二是猪瘟、鸡瘟、猪丹毒、猪肺疫，通过病毒、细菌传播。经常有猪、鸡莫名其妙死亡，干部社员都很恐慌。

事不宜迟，查完后，找公社领导汇报。公社领导黄振生、高连祥十分重视，随即采取两条措施。一是立即通知每个生产队选拔一名防疫员，送到县里接受7天紧急培训，培训班一结束就分成小组到各村逐户去打防疫针。二是召开公社村干部紧急会议，部署防疫工作任务。要求上下全力配合，防疫组到哪村，村干部必须到现场，需要什么就帮助解决什么。遇到有的农户抱有封建迷信思想不让打针，就由干部去做工作。保证百分之百防疫，不许漏掉一头大牲畜、一头猪、一只羊、一只鸡。书记强调，畜禽养殖事关全乡农业生产和粮食丰收，事关每家每户经济收入，做好防疫是政治任务，工作不力，可以撤掉村干部职务，但不打好防疫针不行。

紧急培训的人刚走，就听说辛撞村四队死了7只羊，我立即去查看。羊馆赶着羊群从山坡往山下场院走，走着走着眼看又有6只羊倒地就死了。我一看，这可不得了，如不马上控制，这些羊有死光的可能。由于没有自行车，没有电话，只能步行，我立即一溜小跑向平谷县城奔去，连呼带喘地赶到平谷兽医站，已是下午3点多钟，取出炭疽血清和疫苗，我饭没顾上吃，喝几口水就往回返。那时我最能体会到争分夺秒的现实深刻意义，内心不断鼓励自己坚持，坚持，再坚持。回到辛撞村四队已是夜里了，队干部和社员点着提灯，我给70多只羊一一打针。当打完最后一针时，我一屁股坐在地上，真是为抢救羊群累的急的。多半天之内来回跑了足有100多里地，挑战了21岁年轻人的体力极限，没有对集体和社员利益高度负责的精神支撑，是根本做不到的。大伙把我抬到炕上，我躺了3天，腿脚肿胀，浑身疼痛，4天之后才慢慢恢复。类似这样的辛苦还有很多。一次在冬天，县里召开五大片畜牧站长紧急会，夜里11点半散会，各自须紧急赶回落实。我抄近沿着小道走到大岭时，就听见远山近岭发出狼群和狐狸的叫声，吓得头发直立，冷汗湿衣，我一手摸一块石头，战战兢兢走过。到华山时，天蒙蒙亮了。

按照大华山公社统一部署，防疫员培训一结束，马上组成 7 个小组，每组 7~8 人，组内进行明细分工。每组有组长 1 人，管理疫苗的 1 人，负责控制大牲畜和抓猪、鸡、羊的 3 人，专门注射的 1 人，开针证的 1 人。针证就是防疫证明，当时的政策是集体个人所养肥猪一律交售给国家，不得自行屠宰。国家凭针证收猪，用今天的话说，针证是证明食品安全的一个措施。国家 1952 年开始对猪瘟、猪肺疫、猪丹毒和鸡新城疫实行免费防疫。

10 月 15 日全面展开防疫工作。组自为战，每到一村，都有公社、村干部在场助阵，每进一户，组内人员各就各位，各负其责。防疫工作进展顺利。一次在大峪子打针时，村干部问我有啥需要，我说怕疫苗不够用，他二话没说，马上跑着去华山供销社取回疫苗。那时极少有自行车，出门办事只有走路。防疫小组内最辛苦的是负责抓猪逮羊的同志，经常弄得浑身粪水，也都任劳任怨。打防疫针开始后，各组时常遇上家里牲畜患病宁可烧香上供也不相信科学，不让打针的农民，干部就主动去做工作。起初有的社员还坚持，后来见防疫组态度坚决，自知阻止无用，也就不再干扰阻挠了。防疫工作进展顺利。

在公社高度重视和强有力的领导下，在各村干部全力配合和各防疫组共同努力下，1957 年 10 月中旬至年底，全公社畜禽防疫针整个打了一遍，1958 年春节后天刚渐暖，又拉网式打了一遍，控制住了疫情，把畜禽损失降到了最低。这是我参加工作第一年经历的，也是大华山公社历史上第一次靠科学手段消灭动物疫情，为后来开展大规模动物防疫积累了经验，培养了干部群众的科学防疫意识。

第三节 医治畜禽杂症

为贯彻落实国家养殖业发展有关政策，1956 年，后北宫村在村西建起养殖场，县畜牧局作为试点，投放 50 头牛、182 只新疆细毛羊，加上村内牛羊，一时搞得挺热闹。但由于缺乏经验，经济效益不够理想，其中牛羊防病治病跟不上造成存栏不断减少。1957 年，后北宫村又在东庄头石崖下建成大华山公社第一家集体养猪场，占地 10 余亩，有 4 排双列式猪舍，每排猪舍 13 间。按当时入社的政策，作价收购农户猪只 50 多头，后来猪场规模扩大，目标是建成万头猪场，被县畜牧局列为试点。到 1958 年 5 月，存栏猪达到 6 000 多头，都是从公社内外各村各户和集市上买来的，品种杂多、猪龄不一，尽管进场时都注射了防疫针，但仍有许多猪只携带有五花八门的疾病，汇集到一个猪场，东倒西歪的，被风吹着跑的，靠墙喘气的，卧地不起的，蹬腿捯气的，普遍缺乏生机活力，简直就是个病猪医院。这些猪能不能保住，猪场能不能办下去，着实让干部群众担心害怕。我是全公社唯一的兽医，自然压力更大。为防止病猪传染出现疫情，也为治好猪病，我干脆住到猪场，白天黑夜观察病猪表现。通过仔细的观察和对比，发现症状主要是传染性胸膜炎、肺炎引起的咳嗽、哮喘、发烧，还有拉稀、皮肤湿疹引起的萎蔫、不吃食等。根据病症形成的原因，我采取4条措施。一是用石灰粉对猪场土壤、墙体进行消毒，保持猪舍干燥。二是从饲料质量入手，将饲料粮玉米、高粱、白薯干碾碎，再将干草、秸秆、薯秧、树叶轧成株子，粮食株子按一定比例配比，用大锅熬熟喂养，再加入豆腐渣和盐，尽量丰富口味，增加营养。三是手把手培养猪场防疫员3人，他们是景阳春、张文通、常治安。四是对病猪进行医治，运用自己培训班学来的知识，对不同类猪病采取不同的医治方法。如用青霉素和磺胺赛哇钠针剂注射救治，控制了病情，有效降低了死亡率。经过1个多月调理和医治，这些来自四面八方的带病猪群基本治好，没有扩散。存栏数量保住了，猪膘也上去了，集体猪场饲养走入正轨。

1958年12月，后北宫村副书记兼猪场场长景广到北京光荣参加全国人大常委会，受到毛主席、周总理、朱总司令等中央领导的亲切接见。国务院还颁发了奖状，为平谷县和大华山公社赢得了荣誉。

与此同时，对牛病进行分析治疗。急病用西药，从县兽医站买来“914”治肺炎的针剂，通过静脉注射。慢性病用中草药进行医治，从华山卫生院买来20味草药，主要有大黄、桅子、黄连、黄柏、黄芪、知母、桔梗、薄荷叶、牛膀子、草苗子等，把这些药用碾子轧碎，用开水沏泡，凉后灌服，连灌3次，绝大部分病牛见好，只有15头病情较重的效果不明显，经过向县畜牧局兽医老师请教，我又加入贝母、生地2味药，加大3倍的药量，灌下3次就治好了。

在上级养殖政策的推动下，有后北宫建集体大猪场的经验，1959年起，全公社各村以生产队为单位普遍建起集体猪场，猪场总数达到88个。直至1966年，全公社大牲畜和猪羊鸡存栏总量一直稳定在历史最高水平。大牲畜2 100头，其中骡马驴1 300头，牛800头。猪存栏总数约2万头，其中集体8 000头，社员户1.2万头。山区村部分生产队发展起集体羊群，至少1群50只，多的两三群，100至150只。全公社羊存栏约4 000只。社员户养鸡数量约2万只。畜禽数量达到新中国成立以来第一个高峰。

第四节　发展村级兽医队伍

通过后北宫大队牛场、猪场防病治病的实践，我认识到，要使畜禽养殖健康发展，饲养和兽医工作是根本保障。全公社畜禽数量大幅度增加，建设一支用科学理念武装起来的畜牧业人才队伍，自然成为面临的紧迫任务。

正在这时，平谷县政府按五大片部署兽医机构和力量，大华山属于北片，管理大华山和刘家店、镇罗营、熊儿寨4个公社畜禽防病治病工作。为解决人手不足的问题，经大华山管理区批准，我从民间聘请3位有一定经验和社会认可度的乡土兽医到兽医站工作，他们是华山村陈长瑞（门诊）、后北宫赵仲奎（割骟）、挂甲峪王文通（防疫）。王合主任不再管理兽医站财务，转由公社会计兼管。兽医站也由大峪子搬到大华山公社机关腾出的一间南倒座房子，住宿、办公、门诊合用，兽医站算是有了独立的办公地点。1959 年，房子被占用，公社在大华山村找农户韩廷全宅院派给兽医站使用，我们住宿、办公、门诊都搬到农家院。1960 年，兽医站又搬到王喜瑞家。

为全面提高饲养和防疫水平，我们加大从业人员的管理和培训力度。一是稳定人员队伍，通知和教育各大队尽量保证防疫员、饲养员、放牧员的稳定，不要随意撤换。二是编印培训教材，请北京农大蔡幼博老师到大华山了解养殖业发展状况、存在问题，结合理论编制系统培训教材，由公社打字员打印成册，培训对象人手一册，让他们长期自学。另外，还请市县有关部门到公社搞一些科普宣传。三是分期分类培训，防疫员培训最初每月一次，有了一定基础后一季度一次，以会代训，从市里、县里请专家理论结合实际讲课。我主要讲实际操作，形成制度，长期坚持。对养猪饲养员培训分两批，主要是我自己主讲，从基础知识到专业知识共 7 讲。牛羊放牧员培训分两批，请市里养殖专家讲课，每年一次。培训会上，我们重点给放牧员讲了一个道理：养羊的目的是“快育肥、多增收”。有的牛羊倌不会放牧，牛羊群“吃饱了、走饿了，吃肥了、走瘦了”，意思是到稍远处放牧，匆匆赶时间，赶着牛羊群疾步快走，到达后，牛羊把原来积累的膘消耗掉，更加饥饿，自然吃得老实，吃饱后又急忙往回跑，到家牛羊群又饿了。长此以往，牛羊群未见育肥，只落个“健身”，失去了放牧的意义。会放牧的，讲究慢慢走着吃，到远点再慢慢往回放，牛羊群天天饱肚子回家，自然育肥就快。这样一讲，许多放牧员恍然大悟。通过以上工作，饲养、防疫队伍适应了养殖规模的需要。

第五节　引进优良养殖品种

队伍建设的同时，我们还在养殖品种上下功夫。工作中发现，养猪存栏虽然稳定了，总体效益不理想，重要原因是品种杂劣。从1960年起，我们就注重改良猪的品种，首先从淘汰当地遗传多年的杂劣公猪开始，尽快淘汰吃食拣馋、生长慢、免疫力差的当地品种。在此基础上，积极引进适合我们华山地区饲养环境和气候条件的品种。为此，我先后到天津茶店、朝阳区火神营、通县双桥猪场实地考察，选择最优良的品种，根据乡内养猪条件分别确定引进品种。大华山、大峪子、后北宫饲养条件较好，为其引进了长白、北京黑等猪种。为小峪子、前北宫等条件差一点的村子引进相对适应性更强的内江、荣昌、陆川等品种。同时规定，把这些引进品种作为种猪培养，不断扩大种群，作为全乡的种猪基地，各村各户需要仔猪到这几个猪场去买。通过几年的持续努力，华山地区实现优良品种全覆盖，从根本上提高了全乡养猪的品质。

第六节　“大跃进”当参谋

1964年，兽医站搬到华山村民兵队部。当时正是人民公社、“大跃进”年代，粮食生产处于绝对优先发展地位，“庄稼一枝花，全靠肥当家”，那时没有化肥，只有传统的农家肥。多施农家肥，就得大力发展养殖业。当时有一种说法是“养猪赔钱不赔钱，回头看看田”，其中有两层意思，一是肥料用得多庄稼就长得好，二是养猪求的不是直接收入多少，而是间接粮食产量。

“文革”期间，部分生产队出现了“种、养矛盾”并且日渐突出。在这种情况下，我感觉到，自己作为专职兽医，有责任表明观点并提出解决办法，为公社领导决策当好参谋。经过一段时间的深入调查分析，我掌握了第一手资料，向公社领导进行汇报，针对具体矛盾提出相应解决建议。

第一，养猪与种地的矛盾，体现在养猪种饲料与种粮争地矛盾。部分生产队建猪场随风而起，对猪场如何管理、猪饲料怎样搭配没有深入思考，认为养猪只要有粮食就行了，不舍得拿出地块种青饲料，结果造成猪群营养不良，生理发育不好；肠胃消化不好，造成拉稀的多、便秘的多；饲料单一，缺维生素和蛋白质，造成僵猪多、小老猪多，育肥慢，出栏的少。我建议公社下达年度种植计划时，应充分考虑饲料地问题，根据存栏猪数量，明确大队、生产队饲料地亩数，在猪场附近划饲料地，种植沙打旺、木莓草、胡萝卜等青饲料。另外，把易积水的低洼地、水塘利用起来种植水葫芦。再有普及科学饲养知识，将青饲料打成浆，与粮食饲料、秸草树叶株子按比例混合喂养，用田间管理时薅下来的玉米青苗青草喂猪，是润肠通便的好青料。这些建议得到公社领导支持，饲料地问题很快得到落实。我们兽医站专门办一期饲养员培训班，到大峪子大队猪场现场参观 3 种饲料搭配喂养。不到两个月，效果就显现出来了，拉稀便秘和僵猪、小老猪迅速减少，育肥加快，出栏增多，饲养期缩短，养猪的综合效益显著提高。

第二，养羊与种粮、发展果树的矛盾，体现在羊群放牧过程中吃庄稼、啃树皮，惹得管农业的、管林业的都不满意。我的看法是养羊不用粮食全凭吃草，可以积肥，还能增加收入。吃庄稼啃树看似是羊群的天性，实际是人的问题，有羊倌责任心的问题，更有放牧观念和方法问题。调查证实，同是放牧羊群，西长峪二队就不存在吃庄稼啃树的问题。羊倌有脑瓜，爱琢磨事。通过观察发现，每次撒羊，羊群肚子饿，见着草、落树叶就吃，吃到多半饱时，就开始挑食，如看管不严，就钻进地里去吃庄稼，钻到树下去吃果品、枝叶。掌握了羊群外出觅食的规律，羊倌每次撒羊后，先到草多的地方去放，严加看管，待羊肚子鼓起来了，就轰到远离庄稼地和果树的荒山坡上去放。上下午都是这样，干部社员反映挺好。我建议推广这个经验，对羊倌加强教育管理，得到公社领导支持。于是，公社在西长峪召开现场会，组织各村生产队长和羊倌参加。会上公社领导讲解有关政策，强调处理好养殖业与粮、果关系的意义和方法，公布有关制度，请西长峪二队队长介绍经验。通过这次会，较好地解决了这个矛盾。

第三，养鸡与种粮的矛盾，体现在村庄周围地块常有鸡挠猪拱情况。有人说给鸡戴脚套不管事，钉掌不行，不好办。有人形容“鸡嘴对集体，鸡屁股对自己”，意思是到地里吃集体的“粮食”，下蛋归自己，典型的损公肥私，是资本主义尾巴，应当割掉。我对乡领导说，咱不能因噎废食。个人的鸡、猪糟蹋集体的庄稼是不对，但不能割掉，俗话说，吃粮靠集体，花钱靠自己。

绝大多数农户的钱从哪里来，就靠几只鸡下蛋，油盐酱醋孩子学杂费全靠它，真要“割”了它，老百姓的日子该怎么过呀？我建议，应该加强疏导和管理，发挥政社合一管理体制下政治工作优势，对农户进行教育，建立制度，规定散养畜禽不能出院，大队生产队护青人员加强村边地块看护，发动群众相互监督，对违反规定行为在社员会上通报并给予处罚。公社领导采纳了我的建议，各大队生产队都召开社员会进行了教育，讲了制度，很快就解决了问题。在那个动辄上纲上线的时期，保护了广大社员户的利益，使华山公社畜禽养殖业保持稳定发展。

第七节　1966 年的那些事

1966 年，对我来说是大事比较多的一年，人生难忘的一年。

第一件事是公社把兽医站列为下属单位，派来会计 1 人，中专生兽医 2 人、割骟员 1 人，我是站长，共 5 人。公社重新制定了财务制度，规定兽医站仍实行自收自支、自负盈亏管理。每年从纯收入中，提取 30%作为公基金，提取 20%作为公益金，其他开支须经公社财务审批。给我核定的工资是 34 元。这是参加工作 8 年后，第一次由每月 23 元增长 11 元。

第二件事是公社在铁木厂后边，镇罗营石河南岸，批了一块两亩的地，用来建兽医站。我组织兽医站全体职工，像自家盖房一样，自己充当劳动力，不顾冷热不管早晚，到河套选石头，到山上起石头，装车拉石头、拉土、拉沙子。沙子不够了连夜到河

套去挖，该苦背了，大家背着背架到山顶上去割笆条。总之，除了大车、瓦木工是雇来的，其他所有的苦力活都是我们干的。就这样完全靠兽医站自己出力、出钱，用了多半年时间，建成 7 间房，分设药房、门诊、宿舍、伙房等。兽医站开始有了独立地点，工作、生活条件有所改善。

最难忘的是四清运动。四清工作组 4 人进驻兽医站，把我的职务挂起来一年多，但日常事务还要管着。他们把 1957 年建站以来所有的单据账簿足足一大箱子，都抱去一张一张地查。每笔开支都去对方查，每张小票到户去查，开出的饲料单到粮库去查，票据、处方、针证对不上不行，数量、时间、姓名对不上不行，等等。最后找出十多张疑问票据，和我谈话，让我交代，一旦有说不清的，准备那一天晚上就开批斗会。没想到在半个小时之内，我将所有"问题"一一说清道明，丝毫不差。随后，在组建兽医站领导班子时，工作组让我继续当站长，我觉得委屈，说啥不干。最后公社领导黄振生找我，说组织审查是对你的考验，通过审查证明了你的清白，这算什么委屈。好好干吧，组织相信你。就这样，站长职务又落到我的肩上。

情绪归情绪，重新挑起站长担子，我一如既往，带领兽医站全体人员为大华山地区畜牧业发展尽职履责。

第八节　推广发展养牛受益

1972 年，北京市外贸公司在密云办一个黄牛改良培训班，采取配种杂交技术生成的新一代肉牛，长得快，体型大，出肉率高，以此出口创汇。由于大华山在全县存栏黄牛数量最多，所以县畜牧局派我代表平谷县去参加培训班，7 天培训回来，我分别向县畜牧局和华山公社做了汇报。县畜牧局领导说，黄牛改良就放在大华山搞试点，牛群选种和组织实施由大华山兽医站负责，县配种站负责并提供技术支持。公社支持试点工作，要求兽医站全力搞好，闯出发展肉牛养殖的新路。原来当地牛配种产下的牛犊只有 40~60 斤，新型配种牛体重达到 80~120 斤。经一年左右的养殖，配种牛长到 1 000 斤，当地品种牛长到 400 斤。实践证明，明显优于当地传统品种。县、公社领导和社员看着引进肉牛品种长得好，一致支持搞下去。经过 6 年，培育出我们自己的杂交种群。又经多年不间断培育，到 1977 年种群达到 100 头。在此基础上，我开始探索更快的发展方式，从北京奶牛场买来一头淘汰的小公牛，育肥养肉牛。我把小牛放到老家让爱人饲养，把书本上的要求讲给她听，让她在实践中摸索，我也时常回家了解情况。经一年多的饲养，小牛长到 1 000 多斤，不仅育肥快，更重要的是，我们掌握了牛的饮食习性规律和饲养方法，形成了可以推广的经验。

1978 年开始，我们和北京近郊几家大的奶牛场建立合作关系，批量购买他们淘汰的小公牛，分给各村各户饲养，其中给小峪子一次性买进 70 头小牛，养的较多的还有华山、前北宫、李家峪等村。到 1982 年，村村都有农户养殖肉牛，全公社达到 750 头，再创全县第一。通过养肉牛，农户挣了钱，受了益。

由于兽医站业务不断扩大，兽医站场地明显不足，束缚了我们的发展。经大华山公社批准，1977 年初，我们在大华山村南选址新建兽医站，完全靠自己投资，盖了 10 间房，1979 年后又盖 20 多间，添置一批兽医专业设备，形成拥有 30 多间房的独立庭院，员工增加到 8 人，管理、服务、生活条件明显改善。

第九节　大华山兽医站的立业为民之路

兽医站向何处去？对于我这个站长来说，是一个考验，在上级没发文、没开会，处于迷茫的情况下，我们大华山兽医站没等没靠，主动转变服务理念，创新服务方式，面向市场求生存，发挥兽医技术优势，扩展服务领域。首先是承担社会责任，发挥站大人多底子相对厚一点的优势，相继接收镇罗营兽医站 2 人、刘店站 2 人、熊儿寨站 2 人，本站调走 1 人，时间不长，熊儿寨站仅留下的 1 个人也到了我们站，至此，站内职工为 13 人。实际上，我们华山兽医站日子也不好过，大包干后，只留下小峪子、后北宫、李家峪、水峪4个集体猪场暂时没撤，其他所有集体养殖也都不存在了。这种情况下，我把站内力量整合起来，发挥各自专长，重新分工。我自己跑全面，管技术，负责集体养殖场，解决全乡疑难技术问题。副站长贾品清主持站内日常工作，管财务。全乡20个村化为3片，每片1名全科兽医，主管鸡、兔技术1人，防疫2人，站内药房、门诊、财务各1人，每个人都有明确的职责任务。为调动员工积极性，改革站内分配制度，设立年终奖，完成年度职责任务，得基本工资，超额部分按贡献大小评发奖金。按说我自己工作量最大，超额最多，应该收入最多，但每年我只取平均数，从来不拿最多的，让大伙心服口服。

第十节　适应市场条件，技术立业

我们兽医站靠技术立业，散社后，适应市场条件，从3个方面抓技术。

一是直接监管规模养殖场。1985年前后，小峪子、后北宫、李家峪、水峪4个集体猪场先后进行升级改造，设施机械化程度提高。乡里还建起万只鸡场，几个场子都有专职防疫员，都是我带出来的，水平不低。规模养殖防疫第一，一开始我就帮他们健全严格的消毒、封闭管理制度，建设消毒设施，对防疫员和场领导进行培训，经常到场里检查监督制度执行情况，进圈舍严格走消毒程序，出现病死畜禽，我都亲自去解剖，找准死因，防止出现疫情，保证了规模养殖场安全。

二是对站内职工进行全科培训。我把自己掌握的技能毫无保留地传授给他们，使更多的员工能够各自为战，独当一面。例如涉及骡、马、驴、猪、羊等主要牲畜的防疫、饲养、外科手术等都会，并上门服务，医治的病畜治愈率达98%以上。

三是注意对疑难畜病的研究攻关。主要抓住市、县兽医部门和专家到大华山搞专项调查、摸底、试点的机会，做有心人，在参与中不断学习，对疑难问题专门请教，不断丰富和积累知识技能。1993年，熊儿寨乡东长峪村死了几只山羊，几名业内人员怀疑是炭疽传染病所致。县兽医站站长史自合叫我与他一块去查看。到现场一看症状，我就认定是体内寄生虫所致，用丙硫苯咪唑片剂治疗。给羊只服用后，许多羊都排出了寄生虫，没再发生死羊现象。全乡疑难病畜治愈率达到82%。

再有，我们还自办养殖场。散社后，大队、生产队空出一批饲养场、场院，其中后北宫四队养猪场紧邻路边，交通方便。1989年，兽医站租用北宫四队养猪场，进行改造整理，办起蛋鸡场，由站内职工直接管理，养蛋鸡3 000多只，养了2年多，1991年，改养肉鸡。直接从大发种鸡厂进鸡雏，50天出售达到5.5斤，周期短，收益高。4 000多只的规模，养了2年多。为减少成本，1993年搬到兽医站院内接着养。凭借站内技术优势，产蛋率和育肥效果都高于社会上的鸡场，收到了较好的经济效益，为兽医站攒下新的家底。总之，市场经济后，兽医站的生存能力稳步提升，发挥的社会作用更加显著。

第十一节　畜禽养殖，为群众寻找致富门路

我们兽医站为群众着想，为群众找寻通过畜禽养殖的致富门路。经过可行性分析，在征求群众意见基础上，我建议乡党委政府引导广大农户充分利用丰富饲草资源养羊、养兔致富。奶山羊产下的奶是老人小孩非常好的补品，可以蒸馒头，可以喂养幼畜。长毛兔以取毛为主，有一定的市场。

1985 年，大华山公社党委书记张富旺带队，本乡畜牧指导员、饲料员和我一行人到山东省德州市平原县恩城镇实地考察。确定引进计划后，我们几个在当地负责收购奶羊和长毛兔，我主要负责检疫。收购渠道主要有两个：一是我们和当地畜禽收购站进行合作，在收购现场选优；二是与工商部门合作，到集市上选优。在看精神状态、毛色、粪便、手感体骨的基础上，对奶山羊当场检查出奶量、闻奶味、辨奶色，保证不让一只病畜流进大华山。为保持品种优良，长毛兔按 7 母 1 公比例确定引进数量。奶山羊进来后，又到陕西西北农学院引进 7 只公（种）羊。那次引进奶山羊 2 000 多只，长毛兔 1 万多只，用 6 辆大卡车拉回放到各村，再由村放到饲养户。对养殖种兔、种羊户进行专门培训，现场指导，确保品种不退化，这项举措增加了社员收入。

之后，我们面向养殖大户搞技术服务。前北宫大窑原来是大华山乡办企业，早已下马。一次我路过，见窑场闲着，于是建议场长养肉鸡。场长担心不懂防疫怕赔钱，我说兽医站可以提供技

术服务。在我们的指导下，对大窑进行了改造，内外进行消毒，设置消毒设施，建立消毒防疫制度，办起存栏 1 万多只的肉鸡场。帮助后北宫王德旺养肉鸡 2 000 多只，另外还有规模略小的 10 多个散户，当时他们都缺乏饲养知识，不懂防疫治病技术，养殖安全没有保障。我们兽医站采取技术承包的形式，派出专人对口指导服务。双方签订技术服务合同，严格按合同提供规范的服务，我们还帮助养殖户购买饲料，使之不用担心上当受骗。这些举措既为养殖户解决了后顾之忧，也使兽医站通过提供服务获得了稳定的收入。

第十二节　深怀感恩之心，回馈社会

1995 年，我从站长的岗位上退下来，1996 年底退休。

回顾在大华山兽医岗位上 40 年工作经历。当了 37 年站长，大华山兽医站从无到有，从小到大，为大华山镇以及北片几个乡镇畜牧业发展做出了一定的贡献。兽医站集体和我个人多次被评为县、镇（公社、乡）先进，受到各级表彰和奖励。在退休 20 年之际回首往事，多有感慨。

一是遇上了好时代，感恩社会。我自幼家境贫苦，共产党打天下建立新中国，我才有机会上学读书。在密云读中学时，靠国家每月 5 元的助学金，使我完成学业，成为当时农村稀罕的“文化人”，才有机会进入兽医行业。我抱着对党和政府的感恩之心，工作中时刻牢记责任和使命，凡事对得起党，对得起政府，对得起人民。我感恩社会，时刻不忘自己也是百姓，只是分工不同，只要百姓需要，无论多苦多累，必须竭力而为。

二是遇上好的领导，感恩多位领导和同事。我 21 岁参加工作，一上班就遇上动物疫情的严峻考验，是黄振生、王合等老领导全力支持和正确领导，使我得到了锻炼。在以后历届领导的教育帮助下，在村干部的支持配合下，我得以不断克服困难，大华山兽医事业不断得到发展壮大。还有市、县畜牧局、兽医站领导和技术人员的信任，多次把试点、试验、专项调查的任务放到大华山，使我接触和掌握到更广泛、实用的相关知识技能，为当地畜禽养殖业发展做出了更多的贡献。

三是遇上了好妻子，感恩家庭。职业特点和事业的需要，我从 1957 年起，就长期吃住在单位，一直没有节假日的概念，平时包括春节都很少回家。1966 年结婚后，3 个孩子抚养教育和家里所有事务全靠妻子一个人打理，长期的操心费神艰辛劳作，她不幸患上重症，57 岁就过早离世。我感恩妻子赵桂荣，是她的付出，让我心无牵挂安心在外工作，干出成绩，赢得干部群众的信任和好评。

第五章

科技创新促进畜牧业发展

作者　陈俊杰

编者序：改革开放以来，我国的畜牧产业得到了蓬勃发展。涌现出一批又一批杰出的畜牧人、畜牧专家。正是他们不断创新、不断拓取，才使我国的畜牧业空前繁荣，逐步走向现代化。本文作者陈俊杰就是千千万万畜牧人中的典型代表。

（作者简介：1983 年毕业于北京农学院，是平谷首位高级畜牧师，毕业后在平谷畜牧局任科技科科长，平谷种鸡场场长、平谷畜牧兽医总站站长、党支部书记；曾荣获："北京优秀青年知识分子""平谷科技拔尖人才"等称号；曾多次获得市、区科技进步各种奖项，出版专著 11 部，发表学术论文 20 余篇，畜牧科技贡献突出的有名之士。）

我是一名长期奋斗在生产第一线的畜牧兽医工作者，也是一名畜牧兽医科技创新工作的参与者和见证者。1983 年我从北京农学院毕业，曾先后担任畜牧局科技科科长，平谷县种鸡场场长，畜牧兽医总站站长、支部书记等职务。我作为畜牧系统农业技术推广研究员，30多年来，不断摸索创新，多次参与局系统的科技创新工作，亲历了我系统的科技创新历程，见证了成果。

最初，我局把提高畜牧兽医队伍的学历层次、业务素质、业务能力当成首要任务，曾多次组织大规模较为集中的职工学习深造。如1998年，平谷县畜牧局与平谷县广播电视大学合作，共同开办了平谷畜牧兽医大专班，畜牧局系统30名学员入学，学习完成后30人均获得大专学历。

20世纪90年代以来，我局科技创新力度不断加大，值得列数的获得的奖项就很多，重要奖项至今记忆犹新。

“保温轻体拱棚式养猪舍的研究与应用”项目。

当时，许多人对畜禽业望而生畏，不敢上马；建起来的畜禽场又大多数被基建贷款压头，经济效益很低。面对这些问题，我和王富荣、李小丰、耿春来等同志经过反复研究与试验，于1993年设计出了大跨度畜禽舍。该设计首先解决了占地多的问题，与原养殖场设计相比，可节省占地1.93亩，节省占地50.5%；在建筑材料上，由于采用适宜于畜禽生产的隔热保温材料，每个百头规模可节省建筑费16.4万元，节省资金37.3%。这种“保温轻体拱棚式养猪舍”研制成功后，在全市进行了大面积推广，截至1995年，在平谷县26个百头规模猪场中推广应用，收到良好效益，节省基建投资410万元，节约占用耕地50亩，增加效益96万元。北京市门头沟、大兴、怀柔、通县、顺义、延庆、房山等区县共计325个百头规模猪场应用了此技术，节省基建费用5 200万元，节约占地610亩，增加效益1 200万元。1996年，由王富荣、李小丰、耿春来和我共同完成的“保温轻体拱棚式养猪舍的研究与应用”项目荣获北京市科技进步三等奖。

“蓝孔雀在华北地区的繁殖技术开发与应用”项目。

1994 年 4 月，平谷县畜牧局下属的平谷县种鸡场从广东引进蓝孔雀 800 只，并逐步发展成为华北地区第一个蓝孔雀养殖基地。蓝孔雀原生活在东南亚沿海地区，人工驯化时间较短，国外有少量饲养，我国南方也刚刚起步，尤其是在华北地区，我们尚属首例。为使蓝孔雀在华北地区繁养成功，并探索其在华北地区的生活习性、饲养管理、营养需要、免疫程序、人工孵化技术等，我和王富荣等对蓝孔雀在华北地区的繁殖技术进行了研究。经过科学育种、规范管理和深度科研，1996 年该场已存栏扩群至 5 023 只，同时向社会扩散 1 568 只，扩散范围遍布全国 9 个省、市、自治区（北京、河北、黑龙江、贵州、辽宁、山东、浙江、广西），25 个单位，扩散增值 426.96 万元，外销获利 133.3 万元。1997 年，由王富荣和我等共同完成的“蓝孔雀在华北地区的繁殖技术开发与应用”项目荣获北京市科技进步三等奖。同年，蓝孔雀养殖产业化项目被林业部列为山区综合开发重点项目，被北京市人民政府和平谷县人民政府列为特种养殖产业化龙头开发项目。

“硒作为鸡免疫增强剂的应用与推广”项目。

1996 年，为解决鸡免疫失败和抗体水平较低的问题，我和秦玉成等开展了亚硒酸钠作为鸡免疫增强剂的研究与推广课题。经过连续科研攻关，“硒作为鸡免疫增强剂的研究与应用”项目于 1997 年荣获平谷县政府星火二等奖。1999 年，我和秦玉成、孙文梅、王晓娟、熊东艳等共同完成的“硒作为鸡免疫增强剂的应用与推广”荣获北京市政府农业技术三等奖。项目推广 10 余年，共推广到约1 100个养鸡场户，累计存栏达1 380万只，增加经济效益6 320万元。

“猪口蹄疫灭活疫苗免疫程序”项目。

口蹄疫是一种发病急、流行快、传播广、发病率高的生猪常见疫病，严重威胁生猪健康和影响畜牧产业的发展壮大。我县首批使用猪口蹄疫灭活疫苗对生猪进行了免疫接种，但当时缺乏规范、科学的免疫流程剂量标准，严重影响了免疫接种的效果。对此，我和史自合对猪口蹄疫灭活疫苗使用情况进行了实验总结，并探索出了猪口蹄疫灭活疫苗的免疫程序。通过该免疫程序在平谷及北京市范围内的推广普及，猪口蹄疫免疫逐步科学化、程序化，较大程度提高免疫抗体水平，在当时属国内领先水平。1998年，我和史自合共同完成的“猪口蹄疫灭活疫苗免疫程序”项目荣获北京市农业技术推广一等奖。

“应用HCLV-MAB-ELISA检测规模化猪场猪瘟免疫技术推广”项目。

20世纪90年代末，为做好猪瘟疫病的预防和控制工作，我和秦玉成等人开展了HCLV-MAB-ELISA检测猪瘟抗体保护水平的实验，经过在规模化猪场开展程序化免疫、快速监测抗体水平等实验示范及推广应用，该技术能有效控制猪瘟这一重大动物疫病在平谷地区的传播和发生。1999年，我和秦玉成、李小丰、杨士清、孙文梅、熊东艳等共同完成的“应用HCLV-MAB-ELISA检测规模化猪场猪瘟免疫技术推广”项目荣获北京市政府农业技术推广三等奖。

畜牧兽医系统不断开展科研创新研究，曾取得多项市区级奖项和荣誉，在此不再一一赘述。除了这些系统的殊荣，我本人也曾荣获“北京市优秀青年知识分子”“平谷县科技拔尖人才”等荣誉称号，并先后荣获北京市政府科技进步三等奖 2 项，北京市政府农业技术推广一等奖 1 项、二等奖 1 项、三等奖 2 项，平谷区科技进步一等奖 1 项、三等奖 1 项；星火二等奖 1 项。出版专著 11 部，发表学术论文 20 余篇。

一分耕耘一分收获，取得的成就、获得的成果、赢得的荣誉都属于过去；展望未来，为三农服务，为新农村建设服务，为畜牧业的健康可持续发展服务乃是我们专业科技工作者的不懈追求。

第六章
平凡岗位上的不平凡业绩

作者　见德胜

（编者序：我在《平凡岗位上的华章——牧歌》书中已介绍过见德胜同志，我这次又把他的文章选入书中，代表在畜牧战线上的很多劳动模范，举出他的例子，以表达畜牧业在劳模们的带动下，在他们不断开拓进取下，使祖国的畜牧业欣欣向荣，畜牧业走向现代化。）

（作者简介：1966 年从事畜牧兽医工作，1971 年调到夏各庄乡兽医站工作，1982 年任副站长，1988 年任站长，1993 年 4 月 29 日荣获全国五一劳动奖章，1995 年 4 月 29 日荣获全国劳动模范。）

当时夏各庄乡是我县的养殖大乡，全乡有 250 多个养鸡专业户，13 个万只以上鸡场，存栏鸡 56 万余只；有 56 个养猪专业户，4 个规模化养猪场，存栏生猪 4.8 万头；另外还有千头牛场 1 个，以及 1.3 万多头驴、骡、马、牛、羊。兽医站担负着全乡所有畜禽的防疫治疗任务。如此繁重的防、检、治任务，落在了我们夏各庄乡兽医站肩上。为了做好工作，保证全乡畜牧业的健康发展，我与全站同志一道披星戴月、走家串户，下鸡舍进猪场，无论是刮风下雨，还是严寒酷暑，都按时进行防疫。有时在35℃的高温鸡舍里一待就是五六个小时，深更半夜出诊更是司空见惯。由于我们出色的工作，保证了各养殖场（户）的健康发展，连续10年没有出现任何疫情，得到农业部和市、县领导的好评。全乡畜牧业产值达到5 500万元，占全乡农业总产值的70%以上。

原来夏各庄乡兽医站旧址在夏各庄村里，位于供销社后院，院内全是土路，道路非常不好走，赶上下雨天就更难走了。我们进出不方便，老百姓来办事同样不方便。为了改善工作环境，更好地为全乡养殖场和老百姓服务，我们准备将兽医站搬迁，建设门诊办公楼。我四处找领导，讲利弊，加上我们出色的工作业绩，终于感动了市、县、乡领导和夏各庄大队党支部，最后决定从旧址迁出，在夏各庄村西新建。

在建房过程中遇到了各种困难。我多次找夏各庄村书记王文藻进行协商，王文藻白天很忙，根本找不到，我就利用晚上，骑自行车到他家和他沟通，讲利弊关系。终于，这个项目得到夏各庄村干部的大力支持。一天早上，王文藻一大早就找到我，说村委会已经开会统一了思想，全力支持，并表示再有困难，他和我一起克服。看到他是这个态度，我高兴万分。接下来，我又找乡政府有关部门，第一关就是乡里规划部门不批。乡里规划干部讲必须由县里批，我骑车去县里找到了计划委，计划委一位姓张的领导听我说明了情况，给我们立了项，批准了我们的申请。我把县里的立项批复拿回来，找到夏各庄乡规划干部，他说还要研究一下，原因是那个地方要修公路建环岛等。我找到了乡党委书记孙宝志，孙书记听了我的想法，当时就表示，为了全乡畜牧业发展，兽医站可以选新址盖房，并表示和规划部门协调一下。在乡党委孙书记和夏各庄大队书记王文藻等共同协调下，我们终于可以一边盖房子，一边补批手续。费了九牛二虎之力终于有了结果，可是盖到平口时，县规划局和乡里两名工作人员又找到我，说什么“盖房没有手续是违章建筑”，必须强行拆除。王文藻一听就火了，他急得在盖房现场把一只鞋跑丢了，赤着一只脚丫，被木头扎了脚，坚持与他们讲理：“兽医站盖房是为了全乡畜牧业发展，为了群众求医方便，兽医站的同志们没黑没早的给群众服务，猪鸡场看病防疫随叫随到，没有想到盖点房就这么难。规划办让先盖，他们给跑手续，房盖完了还要强行拆除，哪有这样的道理！”最后还是市规划局来了一位张处长，由我们说明了盖房前后情况，现场决定由县规划局长刘长山牵头亲自补办手续。经过十分曲折的过程，占地 6 亩、建筑面积 620 平方米的二层小楼终于建成。

房盖完了，往下的问题还有一大堆。因为这个地方原来是一个大水坑，房建完以后，房四周和平地比还低好多。我又找到王文藻书记，他表示全力支持，结果夏各庄大队用手扶拖拉机拉土 500 多方，解决了房屋四周低洼的大问题。同时，我发动兽医站全体职工利用业余时间平整前后院。白天我们大家都有业务，就利用晚上，我带头推小车垫院子，晚上干到 10 点多钟是常事，没有一个人要加班费和补助。前后院填平后，平整地面、打水泥全是我们利用休息时间自己做的，直接节省建筑费用 10 余万元。

在资金方面我们也遇到了困难，盖房预计需要36万元，加上附属设施，预计需要资金40余万元。可是兽医站自有资金只有30万元。通过我向多方面请示沟通和协调，畜牧局屈连辉局长与两站管理科支持我们5万元，县财政局支持我们3万元。这样，资金也都有了着落。

在各级领导的大力支持和帮助下，1990年，兽医站带地下室的二层小楼矗立在夏各庄村西大道旁。地下一层放疫苗用，地上两层用于办公和门诊，1991年正式投入使用。当时在全市乡级兽医站盖楼房办公还是第一家。

房子建好后，直接受益的是老百姓。无论是给畜禽看病，还是买药买饲料，出行方便。其次也改善了职工的工作环境。

房间多了，我们又建了化验室、检测室，为用户服务的项目更多了。不仅仅是夏各庄的养殖户来办事，周边其他乡镇的养殖户到这来的也越来越多，就连顺义、蓟县、三河、邦均等地的养殖户也纷纷来办事。县粮食局、交通局、公路局猪鸡场也找我们兽医站签订防疫合同。

随着业务的不断扩大，又遇到了新的问题。当时我站人员学历普遍较低，诊疗水平急需提升。在市兽医诊断所王世敏、刘桂云二位领导的大力支持下，免费专门给夏各庄乡兽医站培训了两名化验员（周书银、贾宝山)，购置了较为齐全的化验、监测设备。全站的仪器设备及业务水平有了大幅度的提升。与此同时兴办了经济实体、综合办站，使该站的经济效益连年上升，连续10年人均创利润超过1万元，列全市前茅。为全乡的防疫工作提供了可靠的保证，做到了禽病不出站、化验不出乡。

同时，实行养殖户与兽医站签订防疫合同责任书制度。这在全市也是首例，得到了农业部、市、县领导的好评和重视，并在全市推广。1991 年各郊区县、乡镇兽医站纷纷到夏各庄乡兽医站参观、学习。夏各庄乡兽医站 1984—1994 年连续 10 年被评为市、县先进单位，1992—1994 年连续 3 年被评为全国先进兽医站和优秀单位。全站人员奋发向上，全乡养殖业效益连年递增，农民从中获得了较高收入。

我作为一名共产党员，把自己的精力全部献给了为之奋斗半生的畜牧事业。1988 年，我因患阑尾炎做了手术，出院便投入工作。由于没有充分休息，致使小腹刀口未愈合，红肿化脓。医院要求马上住院做二次手术，可我惦记的是工作，对大夫说："眼下防疫工作太忙，过了这阵儿再说吧。"这样一拖就是 3 年，时常从刀口红肿化脓处抽出线头。一直到 1992 年，手术非做不可了，才去做了二次手术。

1993 年 4 月 29 日和 1995 年 4 月 29 日，是我终生难忘的日子。我作为"全国五一劳动奖章"获得者与"全国劳动模范"获得者，先后受到时任中共中央总书记江泽民和中央领导朱镕基、李瑞环、李鹏、胡锦涛的接见，并连续 12 年被评为市、县先进个人，获得"优秀党员"光荣称号。1989 年被评为北京市农村企业优秀经营者。1990 年被评为农业部先进个人。

2006 年 9 月，我退休后，原畜牧局副局长赵廷扣专门给我写了一首藏头诗，可谓是对我一生的工作总结和由衷祝福：

辛劳一生为国家，感动志士齐奋发。

楷模作用照千秋，示范表率开红花。
可见创新结硕果，品德高尚世人夸。
得胜还朝保晚节，体好心安多潇洒。

备注：以上三篇文生动又切实际地描述了解放以来畜牧业发展状况；更彰显畜牧人奋发向上的革命精神。

第七章

进入新阶段的兽医卫生监督执法工作

作者　赵学军

一、“瘦肉精”等违禁药品专项整治行动

2012 年秋季，平谷区按照北京市统一安排，开展打击非法使用“瘦肉精”等违禁药品整治行动。区农委制定了《关于开展饲料及畜产品中“瘦肉精”等违禁药品专项整治工作实施方案》。成立了专项整治联合检查小组。组长是时任常务副区长刘军，副组长是时任农委主任吴连江。区畜牧服务中心主任李小丰，成员单位包括畜牧中心、商委、卫生局、质量技术监督局、公安局、工商局等。领导小组下设办公室。办公室设在正农委。办公室主任是王云亭、孙文梅，成员有张来合、李小波、赵荣国、张宗满，农办主任。乡镇兽医站站长及区人大委员会代表、区政协委员参加了全区“专项整治”工作动员大会。会议传达了市政府会议精神，全面部署了全区的“专项整诒”工作。常务副区长刘军同志做了重要讲话。这次活动重点整治对象是市、区有关部门检查出

非法使用过“瘦肉精”等违禁药物的企业和个人。二是生产、经营、使用无生产许可证、无批准文号、无质量合格证、无产品标准的“四无”饲料添加剂及其预混合饲料。三是生产、经营、使用假冒伪劣兽药及违禁兽药的企业和个人。当时我在区兽医卫生监督检验所外勤从事监督执法工作。在全区没有召开动员会之前，我们就已经开始了抽检工作。7 月 23 日、24 日，对全区 16 个乡镇 32 家生猪饲养场（户）进行猪尿抽检，共抽生猪尿样 32 份，送北京市兽医卫生监督检验所进行检测。9 月 27 日，对全区 15 个生猪屠宰场（点）抽检猪肝和猪肺样品 20 份，送北京市兽医卫生监督测所检测。全区“专项整治”大会使我们的工作更加紧张。11 月 22 日、23 日，对全区 24 家饲养场（户）进行饲料抽样，抽取育肥猪料槽中的样品 24 个，送中国动物疾病预防控制中心营养与食品卫生研究所检测。11 月 21—25 日，以区质量技术监督局为主组成的检查小组，检查了全区 19 家饲料及饲料添加剂企业，所有企业各种手续都比较齐全、完备，产品质量符合标准要求。通过专项整治，净化了养殖、屠宰、饲料、兽药生产环境，提高了畜产品的安全性。

二、率先实行动物免疫登记卡制度，防疫和检疫工作步入规范化管理

加强了动物防疫工作，免疫密度达到 100%，保证我区畜牧业的安全生产。加强市场动物和肉品的检疫，使我区动物产品持证率达到市规定的标准，保证人民食入的肉类产品安全。换取产地产品证明，这是非常辛苦的工作，这需要检疫人员顶着烈日，

冒着严寒在平谷区内的各个进出入口检证、换证，并拒绝非检或有疫病的畜禽进入我区，保证我区畜牧生产安全和入境的食品安全。监督所的同志凭着顽强的意志，拼搏精神，攻无不克，战无不胜。监督所在动物检疫工作中彰显神通，是畜牧业生产的护卫兵，也是人民食品的护卫军。他们对病死畜禽的加工者，对病畜禽的出入者严加控制、严格执法，不仅保证畜禽生产健康发展，更保证人民食入的动物食品安全。

三、完善制度，明确责任，我们制定了《畜牧兽医行政执法工作监督考核管理办法》和《动物疫病防控工作监督考核管理办法》

进一步明确动物防疫和监督执法责任，为依法行政有了制度保证。平谷区在全国率先实行动物标识溯源系统，确保了产品安全。

我是 1991 年参加工作的，一直从事畜牧兽医执法工作。亲身经历了平谷区动物卫生监督执法的发展过程，九十年代动物卫生监督执法工作中有很多值得回忆的事件，至今久久难忘。组建初期地位低，执法难。我参加工作是平谷区畜牧兽医总站（简称兽医总站）。当时心里七上八下，不知道具体是干什么，上班后才知道畜牧兽医总站隶属于平谷区畜牧服务中心，一套人马两套班子，下设门诊药房科，兽医卫士监督科，财务室，办公室，是差额拨款事业单位。兽医总站的职责主要有两项，一是技术服务，要向全区养殖户售兽药和疫苗，进行防疫和治疗。二是兽医卫生监督管理所（动物检疫站。）负责全区兽医卫生监督执法。报到那天，站长将我分配到兽医卫生监督科，主要是兽医执法工作。兽医执法没听说过，执什么法，怎么执法，心里根本没有什么谱。过了几天，副站长带我们五个人去北京市兽医卫生监督所（动物检疫站）培训。科长姚学章给我们解读《北京市家畜家禽防疫条例》（北京市政府 10 号令），当时没有法律，只有地方法规。授课过程中他形象比喻我们的兽医执法，说了一句顺口溜，“远看像检察院的，近看像法院的。因为我们也有一身执法服装和一顶大檐帽。”兽医卫生监督执法社会上让人感觉卑微，无人认可。培训结束后经考试合格后，我们得到了“检疫员证”。鉴于当时工商局的检疫工作为企业自检疫。农业部和商业部两家争夺检疫权。1996 年，我国从传统的计划经济体制向市场经济体制快速转换，商业部门的检疫权逋渐削弱，直至被取消检疫权，由农业部门负责检疫工作。夏季的一天早上，组长带领我们 5 个人第一次上公路执法。我们分别骑自行车，穿上执法服装，到我区交通要道——官庄路口执法监督。到了地方，我们戴好大檐帽，整理好执法服装，开始了兽医执法工作。9 点，自东向西方向开来一辆 130 货车，车上拉了几十头生猪，我们立即上前拦截，司机慢慢降下车速，停在路边，经详细询问，这车猪是平谷县工商局养殖企业的，隶属平谷区工商局系统。司机从车上下来，不耐烦地嚷道：你们是哪个部门的？怎么到这来执法？执的什么法啊？我们向他出示执法证件，执法依据。见状，副驾驶席的押运人员下了车，高声喊道：“我们是工商局的企业，我们自己有检疫权，实行系统内部自检。你看我有检疫票。用不着你们兽医检疫。”我们先告诉他，自有的检疫权已经作废，今后只有兽医部门才有检疫权，所以今天必须重检后才能运输。押运人一听火了，对他们的司机喊道："什么兽医执法啊，没听说过，赶快开车，再耽搁时间，猪死了我扣你工资。"司机一听急了，跳上驾驶室，发动车子就想走。我和两名执法人员堵在车前，另外两人堵在车后，绝不放跑这辆生猪的车辆。司机看到我们用身体挡往汽车，喊道："轧死了活该啊，谁叫你们到我的车前后打眼啊！轧死了白轧！"面对司机的叫骂和威胁，我们没有丝毫松劲现象，他气缓了下来，他无奈对司机说，"这帮执法人员够横的，这种不怕死的劲头，我还真佩服，像爷们。"看到押运人员和司机服软了，我们便向他们宣讲《北京市动物防疫条例实施细则》中的规定，如牲畜出栏前必须向所辖乡镇兽医部门报检，经兽医执法人员实施产地检疫，方可出栏、运输。他们表示对执法工作感到信服，并保证今后不经过兽医检疫不运输。并听从我们的引导，运回产地履行检疫手续。像这种"战役"我们不知道打过多少次。我们所还查处建所以来最大的加工死鸡案件。2001 年 12 月初，我所接到群众举报，有人在平谷县大兴庄镇北城子村东一个僻静的院子内收购、加工病死鸡，这是成立兽医卫生监督检验所以来收到的第一件此类案件。所长张来合非常重视，他说："食用畜产品安全重于泰山，管辖区的属地内有这种事是我们最大的耻辱，对不起自己穿的执法服装。必须给平谷老百姓有个交代。"张来合所长做出了具体部署，派 9 名外勤执法人员蹲点，3 个人一组，8 小时一班，三班倒，24 小时蹲守，要求尽快掌握第一手资料，但千万不能打草惊蛇。当时执法人员能力有限，一旦被发现，就会落个人跑屋空的局面，必须要抓到"现行"，人赃俱获才行。经过 20 多天蹲守，基本掌握了加工病死鸡黑窝点的活动规律。12 月 27 日下午 1 点，所长张来合带领我们 9 名执法人员，对该加工病死鸡黑窝点进行突击检查。没等开门人反应过来，我们就冲了进去。院子里的场景让我们惊呆了，南侧院墙底下堆着 20 米长 1 米多宽排在墙体的蛇皮袋大垛，散发出浓重的腥味，看轮廓，蛇皮袋里面应该装的是未经加工的带毛死鸡。这么多的死鸡，我参加工作以来第一次见到。北侧正房有一排猪圈，两个人正在加工病死鸡，褪毛、裂皮、扒内脏非常熟练。一看就是熟手，见我们突然闯入，他们吓得直哆嗦。嘴里不停地说："这不关我的事，是老板张某让我干的。"经询问，加工后的病死鸡分为两种方式出售，一种是整鸡加工，把整鸡在大锅内加工熟制，煮熟后用真空包装，这就是有名的假冒"八珍童子鸡"，从外观看，和商场销售的商品几乎没有区别，如果不是自己亲眼所见，绝对不会相信加工好的病死鸡外观会这么好，多亏我们查抄及时，不然又会使多少人受害。另一种是加工不带皮的鸡肉，加工后装入蛇皮带，一袋大约 15 公斤左右，等待出售。看到这么严重的场面，所长张来合立即请示平谷区畜牧服务中心主任李小丰。并请平谷电视台立即前来予以曝光，以震慑不法分子。半小时后，平谷电视台的同志到现场，对查抄的过程进行录制和采访。当天晚上就在电视台《视点》栏目播放。通过节目，揭露不法行为，宣传法律法规，提高法律意识，并树立动物卫生监督执法形象。这个案件，给不法分子以强烈震慑，进一步净化了市场。食品安全得到有效保证。此次共计查抄死鸡 5.98 吨，加工熟制装箱的假冒"八珍童子鸡"5 箱及包装物，并对该加工黑窝点的老板张某立案查处。因平谷区没有化制设备，此批死鸡由监管员赵小勇、孟凡举押运，全部运往北京市丰台区大红门化制站进行无害化处理。为了防止死灰复燃，我们后续对该加工黑窝点多次巡查，没有发现加工病死鸡的违法行为。2002 年 10 月，兽医卫生监督检验所被平谷区政府列为全额拨款事业单位，解决了执法人员经费问题，确保了执法人员依法行政和队伍的稳定。实行执法与服务相分离，强化了执法工作力度，保证了执法工作公正。北京市兽医卫生监督所给我们配备了 3 辆侧三轮，确保我区动物卫生监督工作的有序开展。

编者写在本文后面的结束语：我选写这片文章主要是表现祖国的畜牧业在走向法制化的过程中，畜牧兽医执法队伍不断成长，为畜牧业的发展保驾护航，通过对畜禽生产的防疫和检疫提高畜牧业生产安全和人民食用动物产品的安全。这支畜牧兽医执法队伍不断创新不断发展走进了畜牧业发展的新时代。本文作者伶俐活泼，肩宽方脸，丰满而开阔的前额下，长着一双正直的眼睛，他中等身材，与人说话面带笑容，并衬托出脸上经常流露出的深思神情，也表现出他在畜牧兽医暴风雨中的坚强。这个年轻人是伴随着祖国畜牧业的发展而不断成长起来的。他是我在书中写的平谷首任畜牧兽医站站长赵奎三的孙子。赵学军是我很熟悉的一位畜牧执法干部，因为我在科星饲料公司时，他常来公司执法，检查和指导工作。赵学军的二叔也是在平谷兽医站工作，他是我同事和战友，是很要好的朋友。我在平谷畜牧改良站工作时，他经常支援改良站畜牧服务部的短缺的兽医药品。他在畜牧战线是一个工作认真，扎实恳干，不怕苦，不怕累，为畜牧业发展努力奋斗的好干部。在这个年代畜牧战线是差额补贴单位，畜牧工作人员工资主要靠自己努力，才能保证工资的发放。他和牛秋芳两人是负责全区畜牧兽医人员所需药品物资的采购和配送。当时，在平谷畜牧战线提起他俩的工作，都伸出大拇指赞扬。给畜牧兽医系统创收立下汗马功劳。

第八章

平谷现代化养殖业的迅速发展

作者　赵廷扣

本文编者序：本文作者是我在畜牧战线工作时的非常优秀的好领导。他是一个兢兢业业，廉洁奉公，在畜牧战线奋斗一生很值得赞扬的人，可以说他是畜牧战线进入新时代的开拓者。他在文中的述说，就证明了这一点。通过本文更充分说明祖国畜牧业，在中国共产党的领导下，不断发展，使人民有了丰富安全的动物食品享用。下面把他的全文介绍如下。

我出生在平谷胡家店村一个农民家庭，1961年初中毕业后成为本村集体猪场的一名饲养员，从此与畜牧业结缘。1973年，我调到平谷县革命委会生产组，一直从事农口工作，特别是1984年从大兴庄乡党委书记调到平谷畜牧局任副局长以来，一直主抓社会畜牧业生产，直到退休。在此期间，经历了4任局长，他们是邢瑞田、屈连辉、王富荣、李小丰。我们共同奋斗，几乎天天下乡，走村镇，串农户，进养殖场，了解和掌握养殖动态，帮助解决困难，落实扶持政策，发展适度规模经营。

1984年开始，我到畜牧局工作，正赶上养殖业春天的到来，市县政府陆续出台了多项扶持政策，支持和鼓励养殖业发展，可谓时机大好。我和畜牧科的全体同志整天忙于落实政策到乡、到村、到户。从1985年开始，国家取消了生猪派购，实行多渠道购销，同时放开了对家禽和鸡蛋收购价格，允许个体商贩下乡采购。1986年，又放开了猪肉的销售价格。1987年县人民政府出台了《关于发展种养业，鼓励适度规模经营的有关规定》，明确了对发展种养业的20项支持政策。1987年11月21日，北京市政府发出了《关于进一步发展生猪生产的通知》，对国营、集体和专业户自繁自养的瘦肉型猪，一律由国家按计划供应“倒三七”价饲料粮票，所谓“倒三七”价即每百斤饲料粮按70%为平价粮、30%为议价粮计算价格。单位或个人交售的瘦肉型猪，一律按每头奖励200公斤饲料粮票；脂肪型猪，每头奖励100公斤饲料粮票；仔猪每头奖励7.5公斤饲料粮票；对存栏1 000只以上的国营集体鸡场和养鸡专业户，每只鸡每年奖励45公斤饲料粮票。

为了落实这些政策，我们畜牧局畜牧科、粮食局农村科的几位同志几乎天天下乡，到猪场、鸡场、专业户查存栏，核实商品猪出栏、商品蛋出售等第一手资料，根据核实的情况造表，发放奖励饲料粮票。有一天，乐政务公社北辛庄村的一位老者来到畜牧局找我，说他是养猪专业户，没有得到饲料粮票的奖励，说着说着就急得当场晕了过去，口吐白沫，把畜牧科的年轻同志吓出一身冷汗。我说“你们不要怕，一会就会好的”，赶紧动手掐老人的人中穴，不一会老人就长出一口气醒了过来。工作人员端来热水让他喝下，我告诉他，我们一定会帮您解决的，请您好好在家等待。我们随即赶到乐政务公社，找到当时的公社畜牧指导员。一查问，方知是漏登，我们批评了他们工作的粗心大意，立即将饲料粮票送到了这个养殖户家里，老人表示非常感激。我们一丝不苟的工作得到了养殖户的认可。

政策的落实，也极大地调动了养殖场户的积极性，促进了生产发展。截至1988年，生猪存栏比上年增长18%，商品猪比上年增长13.8%；蛋鸡存栏比上年增长48%，商品蛋比上年增长43.5%；大牲畜、牛羊兔等都得到了全面发展；畜牧业总产值（80年不变价）比上年增长21.9%。

一、“首都菜篮子工程”启动，推进现代化规模养殖

1988年，北京市畜牧局依据北京市委“服务首都，富裕农民”的指示精神，相继出台了现代化猪舍建筑新工艺设计单列式、双列式建筑图纸，并要求各区县建设现代化规模猪场，作为首都菜篮子生猪养殖基地。规定每建设一个存栏成母猪100头、年出栏商品猪1 500~1 700头规模的猪场，由市财政补贴8万元。我们接到通知后，召开了公社主管畜牧副主任和畜牧指导员参加的通报会，动员他们积极宣传、组织实施。当年我县按照市里通知要求，完成了岳各庄、山东庄、后北宫、南营、门楼庄5个规模猪场建设。从1988年开始建设双列式猪舍，截至1992年底，先后建成92个规模猪场。经不断扩建，发展到1996年，建成规模猪场达136个。

在现代化规模猪场建设过程中，我们畜牧科的同志亲临现场踩点，选址丈量用地，帮助规划设计，指导建设材料的购买，验

收建设质量等，把我们争取到的国家贴息贷款以及平价木材、钢材、水泥等及时发放到场。我至今还记得，当时畜牧科的李小丰同志因天天下乡指导，把鞋底都磨掉了，只好用绳子把鞋底绑在脚上才走回单位。他对猪场的建设要求精益求精，就连一根钢筋多粗多长多重都记得一清二楚，按他计算出来的建筑材料进货，绝没有浪费。

二、抓种畜禽场建设，与规模养殖场相配套

一是不遗余力，全面引进优良品种。我印象中，最初县里饲养的大都是长着长鬃、又长又尖的嘴巴、较短体型、跑得非常快的老品种黑猪。在60年代初，我村猪场引进了北京花猪，社员看见后，都觉得非常新奇。到了1979年底，我县先后引进了北京黑、内江、宁乡、荣昌、长白、陆川、巴克夏猪等品种，并开始了杂交技术的推广。但是除少量长白猪和北京黑猪外，大多是脂肪型猪，已经不适应市场需要。为了适应市场需求，1984年开始在山东庄、后北宫两个村建了两个试点，主要瘦肉型品种为长白、大白（约克）、北京黑、杜洛克（红毛），经过二元、三元杂交，90公斤重出栏期为6~8个月，比单一的老品种猪出栏期快一倍以上，瘦肉率达到55.4%以上。这两个试点的成功，为我们以后种猪场的建设提供了信心基础。1991年在市、县两级人民政府的支持下，在熊儿寨乡花峪村建起了绒山羊种羊场，引进辽宁盖县绒山羊300只，同年还分别在熊儿寨乡、镇罗营乡、大华山乡建起了哈白兔种兔场，都为我县提供优良种源起到了积极作用。

二是抓种猪场建设，使优良品种猪得到全面推广。规模猪场

建成后，引进优良瘦肉型种猪成了当时一大难题。1987—1988 年我在县政府农林办公室任副主任，主抓畜牧，整天忙于到顺义、朝阳、东郊农场等地联系种猪，即使一次联系上几十头种猪，也是杯水车薪，根本满足不了需求。当时，由于种猪价格昂贵，一些资金不足的猪场就借机引进了一些老杂劣脂肪型种猪，滥竽充数，造成了规模猪场种猪存栏严重不足，生产力低下。就连畜牧局种猪场也没有正式投入生产，只买了一些克郎猪饲养。1989 年，我被调回畜牧局主抓畜牧生产，时任主管农业的副县长付朝永同志嘱咐我："你这次回畜牧局，可一定要把种猪场建起来。"我回到畜牧局后，找时任畜牧局局长屈连辉商量建场的事，最后统一了意见，让一位有经验、责任心强的同志去当这个场长。我建议由畜牧科科员李小丰同志去，得到了局长办公会的认可。在我的主持下，到猪场召开了现场办公会，对种猪场的后续建设、引种进行了安排。1990 年建成祖代种猪场。1993 年后，在畜牧局局长王富荣同志的主持下，经过 3 年多的扩建，县祖代种猪场的饲养规模达到了 1 000 头，年出栏种猪达到万头以上。此后平谷县所有规模猪场及养猪专业户都用了县种猪场生产的纯种长白、大白、杜洛克等公猪，普及率为 100%。除了满足本县种猪需求外，还服务于本市其他区县和临近其他省市地区，结束了多年来养猪品种"老杂劣"的历史。到 2000 年 10 月，平谷县种猪场加入全国大白猪育种协作组，成为全国 24 个从事大白猪育种成员单位之一。

三是抓蛋鸡品种结构调整，促进了蛋鸡生产发展。在我的记忆中，养鸡品种多年来都是当地的黄鸡、黑鸡、花豆鸡、毛腿鸡等，冬天不下蛋，只有到了春暖花开后才陆续产蛋。实现半机械化笼养鸡后，才引进了来航（亨）鸡品种，非常单一。雏鸡主要来源于小商小贩。从1991年开始，畜牧局先后在后罗庄村建了父母代种鸡场、大兴庄乡种鸡场、门楼庄种鸡场。经过市畜牧局专家组验收合格，批准生产，初始规模都是万只。畜牧局种鸡场几次扩建，到1995年达到3万只，并引进了一些新品种。再加上市畜牧局在峪口乡兴隆庄村兴建的亚洲最大蛋种鸡场，保障了我县规模养鸡种雏需要。

三、推广现代养殖技术，向科学进步要效益

1990年开始，对全县规模猪、鸡场实行了定级管理（开展规范化管理达标活动），并重点抓了规模猪场、鸡场的技术设备改造。当年，县政府拿出25万元资金支持技改造。我和畜牧科的同志首先组织猪、鸡场场长、技术员到顺义陈各庄猪场参观学习，回来后大力推广。改“地面平养”为网上饲养，改“水泥条漏缝地板”为钢筋网地板，改母猪平地产仔为高床产仔，改水槽饮水为自动饮水嘴（器）饮水，改育成猪和育肥猪普通水泥槽喂料为自动料箱喂料，并为仔猪安装了只有仔猪能进出的保温箱，铺上了电热板，实行了自动取暖。通过改造，实现了真正意义上的“三自动、四阶段”饲养。“三自动”即自动料箱喂料、自动饮水嘴饮水、自动排粪，“四阶段”即空怀妊娠、产仔哺乳、育成、育肥四阶段，完成了规模猪场的改造任务。

改造后的猪舍，母猪产仔被压死的少了；饮水干净了，喂料干净了，减少了交叉感染的机会；而且不分强弱都有吃饱的机会，

也减少了饲料的浪费；仔猪有适宜的温度供其生长发育，提高了免疫力，成活率提高了。当年，母猪存栏就达到了 8 753 头，基本实现了规模猪场满负荷生产。马坊首平猪场、黑豆峪猪场被评为北京市二、三级猪场。

多年来，我深刻地体会到，畜牧业的发展，离不开改革创新。我们抓的每项改革创新工作都有可喜的回报，更主要的是畜牧业发展离不开党和政府一系列优惠政策的支持，把党和政府的政策落实到位，就会极大地调动广大农民的养殖积极性。我还深刻地体验到，畜牧业的发展，与提高农民生活水平息息相关。

我选写北京日报报道的以下文章，不为表现平谷畜牧人的优秀事迹，亦不为渲染畜牧人的拼搏精神。只为展现宣传战线上的记者、编辑们。正是他们不辞辛苦，深入基层，如实报道，扎实细致而又生动地宣传，向人们展示了畜牧战线可歌可泣的模范事迹，助推畜牧业发展的同时，也展现了畜牧人抓好畜禽防疫工作的重要性。实践证明：没有严格的畜禽卫生防疫制度，就没有畜牧的现代化。

第九章

为了崇高的事业

——平谷区畜牧服务中心动物防疫工作纪实

（本文选自2007年3月1日京郊日报刊登）

由于工作出色，2006年，平谷区防治重大动物疫病指挥部又一次被评为北京市动物防疫工作先进集体。

不仅如此，该中心取得的成绩也得到了社会各界的认可。2006年，该中心获得了首都文明单位称号，所属兽医卫生监督检验所被评为市级先进站所，畜牧兽医总站在市总站对郊区畜牧兽医总站考核中名列总分第一，全系统16个乡镇畜牧兽医站有14个站被所在乡镇政府评为涉农先进单位。

不过，更令该中心广大干部职工鼓舞的是，2007年，他们以出色的业绩获得了市、区发改委审批的唯一一个区县级重大动物疫病防控体系建设项目，将完成动物疫病与预防控制中心建设及其余兽医站的改造工作。

第一节 政府重视动物防疫

春节前，记者到平谷区畜牧服务中心采访。谈到取得的成绩，中心主任李小丰表现出了特有的谦虚："这主要是区委、区政府和市农业局高度重视，领导得好。"

李小丰主任介绍说，去年年初，区政府与各乡镇政府分别签订了畜牧兽医和禽流感防控责任书，并将动物防疫工作纳入"五好"乡镇党委的考核。一年中，市农业局有关领导多次对平谷区的动物防疫工作进行检查指导，区政府主要领导先后 8 次组织召开全区动物防疫工作专题会议，听取有关单位动物防疫工作汇报；主管区长亲自带队，对养殖场、市场、公路检疫监督站等环节进行监督检查；同时，成立了由区农委、监察局、政府督查办和畜牧服务中心等部门组成的动物防疫督查组，对各乡镇的动物防疫工作先后 4 次进行督查。

为了提高全区动物防疫工作的科学管理水平和动物疫病预防控制能力，区政府依据国务院《重大动物疫情应急条例》和《北京市高致病性禽流感应急预案》，重新修订了《平谷区重大动物疫病应急预案》《平谷区防控高致病性禽流感实施方案》和《平谷区防控口蹄疫实施方案》。

采访中，李小丰主任特别提到了区发改委、区财政的支持问题。由于区发改委的大力支持，他们在 2005 年完成中心办公楼及大兴庄、马昌营畜牧兽医站建设的基础上，2006 年又投资 300 余万元完成了门楼庄等7个兽医站的新建、改建工作；设立60名村级防疫员、在动物疫病预防、动物疫情监测等方面区财政在资金上给予保障。由于防疫经费落实到位，为开展动物防检疫工作提供了可靠的保证。谈到这儿，李小丰主任有些动情地说：“有领导的重视，各部门的支持，我们的工作能不干好吗!”

第二节　签订“军令状”防疫

的确如此，领导的重视，各项资金的落实，为平谷区畜牧服务中心广大干部职工提供了强大的精神和工作动力。

该中心现有从事动物防疫检疫及畜牧生产服务工作人员210人，担负着全区4.1万个畜禽散养农户、城区4 000余养犬户和902个规模畜禽养殖场（户）的年饲养量达1 100万只禽类、销售6 700余万只种雏、61万头生猪、25万头只牛羊、1.2万条注册犬、年屠宰生猪90.8万头、年屠宰禽类161.9万只、年过(进)境运载动物及动物产品车辆2.15万车次的防疫检疫和畜牧生产服务任务。人员少，工作量如此之大，可想而知。

但是，全系统广大干部职工把动物防疫工作作为一项崇高的事业，在中心主任强有力的领导下，人人签订“军令状”，全系统建起了一条责任网络体系，为确保动物防疫工作深入开展，更好地为农民服务，实现重大动物疫病“零”疫情奠定了坚实的基础。

为强化散养畜禽免疫密度和效果的督查与监测，促进动物防疫工作的落实，畜牧服务中心建立了科学的考核激励机制。即根据防疫督查结果，对考评优秀的包村防疫员给予一定奖励。同时，与动物防疫经费下拨挂钩。为此，该中心成立了动物防疫督查组，督查采取随机抽点包村防疫员，随机点村，入村逐户普查的方式进行。一方面，督查免疫密度，将督查到的畜禽与包村防疫员的免疫档案进行核对，计算出各类畜禽的免疫密度。另一方面，督查免疫效果。督查工作每两个月进行一次，防疫经费下拨以督查结果为依据。此举极大地调动了防疫人员及各单位工作积极性，促进了免疫工作的开展。对 902 个监管场，该中心则实行一场一档，逐一建立管理档案，全程跟踪免疫、监测和管理，确保及时发现问题及时解决。

在重大动物疫病防控和畜产品安全监管工作中，平谷区畜牧服务中心坚持实行精细化管理，把管理工作落脚点和着眼点放在针对一个问题、一个场（厂）、一栋舍、一个批次畜禽及产品、一头（只）畜禽、一针免疫、一个群众举报、一个异常信息的八个“一”上，使基础工作更为扎实，防控成果更加显著，风险发生的概率大大降低，安全得到了有效的保障。

为加强对疫情报告的管理，该中心设立了疫情举报核查办公室，向社会公布举报电话，24 小时有人接听。在检疫监督管理方面，该中心还制定了《平谷区动物检疫管理办法》《平谷区检疫员监督员守则》和《平谷区检疫员监督员岗位责任制》，严格规范执法行为。一年来，执法人员严格执法，秉公执法，无违规违纪现象，无败诉案件，树立了执法人员良好形象。

平谷区畜牧服务中心扎实的工作，为平谷区畜牧兽医工作赢得了荣誉，平谷区畜牧兽医工作得到了市有关部门的高度评价和充分肯定。前不久召开的全市畜牧兽医工作会议，对平谷区畜牧兽医工作提出了特别的表扬。市防治重大动物疫病指挥部办公室在一期重大动物疫病防疫简报上，介绍了“平谷区对养殖场户实行分类管理、确保动物防疫工作落到实处”的经验。

第三节 阻击动物疫情

在过去的一年中，平谷区畜牧服务中心何以能取得如此骄人的业绩，在采访中，我们强烈感受到，源于该中心有一支特别讲奉献，特别能战斗，特别能吃苦的干部职工队伍。

平日里，他们忘我工作，因为，在他们的心中“人民的安危和食品安全重于泰山!”但是，当人民群众的身体健康和生命安全受到严重威胁的时候，他们又能以非凡的勇气和良好的职业道德，挺身而出奋战在畜禽紧急免疫和防控的第一线。

去年，由于动物防疫工作需要和受周边地区动物疫情的威胁，该中心广大干部职工于“五一”和“十一”两个节日期间，先后开展了猪亚洲I型口蹄疫和禽类禽流感变异株的紧急免疫和防控工作。

在这两次没有硝烟的防控阻击战中，已在平谷区畜牧兽医战线工作了22年的中心主任李小丰犹如久经沙场的将军指挥若定，他时而坐镇指挥，时而与孙文梅、赵贵知和赵金祥等中心副职领导深入防控第一线了解“战况”，督察指导，形成了一个坚强的领导集体，显示了非凡的领导能力。

有了这样坚强的领导，全系统广大干部职工发扬特别能战斗的作风，更是无怨无悔地日夜坚守在工作岗位上。他们把农户的猪舍、禽舍当作战场，与动物疫情展开时间的较量，打赢了漂亮的阻击战。

中心经管科科长朱淑香是一位女同志。在两次动物疫情防控战役中，她以饱满的工作热情、旺盛的斗志和无私奉献的精神，天天到基层督查防疫工作、免疫进度，检查免疫质量，每天都要工作 12 小时以上，以实际行动展现了一位新时期女共产党员的风采。

镇罗营兽医站站长史振满在去年“十一”期间防控禽流感战役中，每天带领王金山、刘桂林等 5 名防疫员翻山越岭深入到户做免疫工作，有时连续工作 20 个小时。在此期间，全站干部职工没有回过一次家，没睡过一个安稳觉，为取得这场战斗的胜利赢得了时间。

像这样生动的事例，还有很多，很多。这里，我们只能记下他们的名字：带病坚持工作的马昌营兽医站防疫员董金、王辛庄兽医站防疫员郭宝兴，在父亲病床前没能尽一份孝道的大兴庄兽医站杨军武，在免疫中被狗咬伤忍痛坚持工作的峪口兽医站女防疫员赵春艳，丈夫病重住院需家属签字而不能到场的门楼庄兽医站女防疫员贾桂英，连续 3 天没有回家给年幼孩子喂奶的门楼庄兽医站女防疫员纪文君等。他们如此忘我地工作，是当今时代最可敬的人。

采访结束时，李小丰主任告诉我，平谷区畜牧服务中心将于春节过后召开全系统工作会议，对在2006年度工作中取得优异成绩的单位和个人进行表彰和奖励。通过表彰先进，鼓励全系统广大干部职工在新的一年中做出更新更出色的成绩。

第 三 部分

畜牧业进入新时代，步入新征程

——向现代化产业进军

第一章

科技创新引领企业转型升级

第一节　飞出去的燕子

——扎根雪域高原的平谷干部赵金祥

我认识赵金祥同志，是在 1999 年北京市饲料协会会员大会。在会后我结识了他，并与他交谈。这是一个很有闯劲儿的年轻人，他中等身材，眉清目秀，说起话来清脆干净有力，并给人以可亲近，和气待人，宽厚的印象。当时他在平谷区畜牧改良站任站长，并兼任畜牧局饲料厂厂长，通过叙谈我知道他是我过去所在单位我走后的第三任负责人，我们很谈得来，从饲料生产到质量把控，到产品销售和售后服务工作无所不谈。后来他升任平谷区畜牧局主管业务的副局长。他常来我们的科星饲料公司指导工作。他扎实、认真、负责的工作精神使我记忆犹新，更使我赞叹的是：他受党组织的委派，到祖国西藏自治区支援边疆工作的业绩。

他是一只飞出的燕子，燕子飞到哪里就住在哪里，就在那里筑巢。我目睹过这位年轻有为的好干部，我心目中的好领导，党员干部学习的好榜样。

据平谷区委组织部报道，我把这位援藏干部赵金祥写在本文中，不是因为他是援藏干部，在援藏期间做出了成绩，而是给我们畜牧人和后来的畜牧人一个思考。思考畜牧人不管在什么地方，什么岗位都像赵金祥这样为祖国人民谋幸福，不怕困苦而扎扎实实不断开拓进取的工作精神。

当初去西藏，组织上安排他任拉萨地区尼木县委常务副书记。初到这里，对这里的气候很不适应，头胀，嘴唇发紫，使人喘不过气来，他和同来的同志们一道，克服了这种“高原反应”。

他克服了这种高原反应，深入尼本县各地调查研究，发现这里还是千百年来传统的放牧和耕种，就会放牛放羊，种青稞，别的什么都不会。

他带着这个问题，走遍尼木的山山水水。他察觉和发现这里有生长的山桃树而且这里适宜生长桃树。于是，由平谷引进一万棵桃树苗来这里栽种，还帮这里农牧民开发种植萝卜、白菜，这里的桃和白菜、萝卜都能达到 5 元 1 斤。就能看出蔬菜和水果的短缺和昂贵。他不是科班出身，而因为他是农民子弟，为这里的农牧民脱贫，他不仅深入基层调查研究，而且与农牧民一起种萝卜，引进桃树栽桃树，深受当地人民称赞，都称他为“好书记”！

他经调查研究，有了第一手资料，他不仅调整尼木县的种植结构，还协调县里有关部门解决这里缺水问题，引雅鲁藏布江水和打机井灌溉农田，并实地到桃林和菜地指导。

他在尼木县还建起了乌米地区农业高新技术示范园和藏香文化产业园。这些都可以支撑起当地的经济，改变当地单一放牧、种青稞的传统模示，使这里的经济发生很大变化，使农牧民走上致富路。

我不是单独写赵金祥的事迹，而是写畜牧人扎扎实实，使农牧业走向农牧结合的道路，向农牧产业化进军的故事。祖国的农牧业实现产业化，让我们在这条农牧产业化的道路上奋勇前进！

第二节　四位一体，中国智慧

作者　杨小平

（编者序：在与我的师姐冯静玉通电话时，她告诉我正大集团在中国已做出了两大典型，一个是在湖南，一个是在北京。她说："这两个典型都是四位一体，使农民走上城市化，过上幸福生活的典范。她把杨小平在2012年在平谷项目竣工典礼上的讲话材料介绍给我。我看后，这是一个好的典范。"冯静玉，是中国著名的正大集团中方代表总裁，她浓眉大眼，与人谈起话来总是满脸堆笑。我记得在70年代初，她在平谷畜牧办公室时，和畜牧办公室的同志，带领平谷畜牧人去北京市养猪红旗单位陈各庄去参观，她在车上与大家讲科学养猪，猪的品种改良等知识。她讲话时大家都静静地听着，看她喜笑颜开地讲演，大家更是面带笑容，气氛显得很活跃。冯静玉后来调入正大集团，带领正大人闻名于天下，她的业绩铸就她成为全国劳动模范。现在她已退休，但还关心着祖国的农牧业，通过她我才了解到平谷这个农牧结合的典范。下边把杨小平的讲话作一介绍。)

(本文是正大集团副董事长杨小平在2012年4月26日在平谷项目竣工典礼上的发言稿)

尊敬的各位领导、各位来宾、女士们、先生们：

大家上午好！

今天是个好日子，阳光明媚、春意盎然、桃花盛开！同时，今天是北京平谷正大300万蛋鸡现代化产业项目竣工的日子！

首先，我代表正大集团对到场的各位领导和嘉宾的莅临表示衷心地感谢！没有你们的关心和支持，“四位一体”BOT农民产权式现代化农业这一创新模式就不可能诞生，也就不可能有今天的竣工仪式！感谢你们！

大家应该还记得，2009年的春天，这里还是一片空无一物的平地，我们举行了奠基仪式；而3年后的今天，又是一个春天，这里已经树立起了一座代表当今世界一流水准的现代化厂房！在外人看来，这仅是一座钢筋水泥和现代化设备构筑成的庞然大物，而在我们眼中，这更是一次破解“三农”难题的努力探索和勇敢尝试。

拥有“世界城市”称号的北京不仅需要高楼林立的现代化城市建筑，也需要现代化、工业化、自动化、规模化的农业。正如谢国民董事长所说，在农业现代化努力进程当中，农民作为主体有“三缺”：缺资金、缺技术、缺市场。而与此同时，中国的国情背景下，中国“三农”却面临着三大困难：一是人多而地少，二是农业产值占GDP比重小而就业生活人口多，三是农业投资大而产值小。

单靠“三缺”的农民作为主体来解决三大困难，如同跨越新的“三座大山”，是根本无法想象的。在改革开放前 30 年的计划经济时代没有更好的办法，在改革开放后 30 年的市场经济条件下也没有更好的办法。国际上也没有成熟的成功经验可以借鉴。因此，就需要中国智慧，由政府、银行、龙头企业三方共同扶持农民，形成“四位一体”的关系，有效地引入资金、技术、市场三要素，从而提高土地使用效率、生产效率以及投资效率，使这一创新改变生产关系，也就是和农民的经济利益关系，农民成为现代化厂房的资产所有者；而正大成为“新农民—打工者”，为其提供“产前、产中、产后”的高水平专业化服务。

因此，这一次竣工典礼的意义，不单单是一个现代化产业项目的完成，正如新华网所说的需要在“关键领域、重要环节”的改革。它极有可能像当年的“安徽的小岗村”一样，会成为一次重要改革的历史起点和历史事件！而在座的各位，不仅是这一事件的历史见证者，更是这一革新的重要贡献者！

这里面，凝结了北京市和平谷区领导高屋建瓴的发展眼光和破解“三农”的社会责任感；

这里面，体现了北京银行“服务三农”的精神和扶持项目的力度；

这里面，包含了谢国民董事长对农民的深切感情和报效祖国之心；

这里面，突显了农民合作社对新生事物的理解和对革新发展的渴望；

这里面，注入了各位同仁努力探索、认真负责、爱岗敬业的职业精神！

在此，我很荣幸地代表正大集团，对所有为此投入了大量心血和不懈努力的各位表示最深的敬意和感谢！

这个项目，是中国新型“百年现代梦”的缩影！项目实现了农业生产方式现代化、农民生活方式现代化、资源配置方式全球化（美国的设计、欧洲的设备、泰国的经营、中国的建设，资产归中国农民所有）。

这个项目，是再筑中国“食品安全长城”的起点！若有5个同等规模的项目，就能覆盖整个首都北京的所有居民鸡蛋消费，换句话说，管好这“五个法人”就确保北京所有居民食用鸡蛋的100%的安全！

谢国民董事长还有一个心愿，就是希望该项目，成为中国三农建设的一个标杆，纠正农民承担所有农业生产销售风险这种不合理的经济关系，把风险转移给有能力的龙头企业和企业家们承担。愿这一“星星之火、可以燎原！”

我坚信，有了此次成功的探索为基础，在各级领导，特别是在到场领导智慧的引导下，一定能将“四位一体”BOT农民产权式模式完善、升级，在理论研究探索一条“顶层关注、实际管用”理论指导体系，并逐步得以推广，为破解中国的食品安全、贫富差距、扩大内需、解决就业、环境保护等国家重点难题，做出应有的贡献！并由此迸发出更为巨大乃至影响世界的能量！！

谢谢大家！

本文结束语：我选写本发言，主要为揭示畜牧业的开拓者，正大集团，他们在平谷的“四位一体”模式，这是农牧结合，使农民走上城市化，使农民过上幸福生活的典范，农民以土地投入有了收入，而且在工厂化的大企业，现代化管理的养殖厂工作，并变成了工人，这样农民一举双得，真正使农村城市化，农民取得幸福美满的生活。使企业、农民、国家都受益，使祖国的农牧业实现现代化，更是畜牧开拓进取不断前进的典范。

第二章

向现代化转折

中国的畜牧业正向着规模化、现代化、信息化、产业化前进，正如：正大集团的“四位一体”、禾丰集团的转折，向产业化一条龙发展，走向“一带一路”市场。下面根据2016年12月禾丰集团董事长金卫东董事长现场讲演的两段选登于本书中，可供读者阅读与思考。

第一节　做产业化一条龙，向现代化转折

作者：金卫东

你不光做饲料，你也做养殖、做屠宰、做加工。这个优势非常大，因为你做饲料要交税，做养殖不交税，屠宰加工企业一分税也不交。从税的角度你省下这么多，还有你卖饲料得有销售员，产业化不需要销售了，饲料直接给养殖环节，养殖直接给屠宰厂，省下的销售费用是多少？但是，这是理论上的能挣钱，偏偏谁做

谁赔钱。因为它要求你每个环节都管理好，每个环节都能挣钱，否则的话，一个环节赔钱就把其他环节挣的钱都吃掉。禾丰是8年前开始做这个行业的，我们2015年屠宰了2.1亿只鸡，位列中国肉鸡加工业的前三名。参股企业有的叫九股河，有的叫宏发，有的叫中佳，有的叫禾源，我们都是与当地的企业合资合作，禾丰成为第一股东或者第二股东，原来的名字不变。今天我的伙伴——日日红公司的张总也来到了这里，禾丰也入股了日日红公司。外界没有觉得禾丰肉鸡做得那么大，其实就是这么大，2.1亿只。2016年屠宰加工量能达到2.7亿只。做肉鸡非常有前途，比做猪有前途，因为中国人吃猪肉吃太多了，相对全球的水平，我们吃肉鸡太少了。肉鸡是低脂肪、低环境压力、高效率的白肉。拿水来说，生产1公斤猪肉要用5吨水，1公斤牛肉要用10吨水，1公斤鸡肉只要2吨水。吃鸡肉好啊，有前途。在这方面，虽然禾丰算是初步成功了，但是赔了三五年的钱，赔钱的时候我一句埋怨的话都没有，可以赔钱，因为我们努力干，我们要培养这个项目，把它养活。可是大部分企业没有这个实力，所以这个还是不要轻易涉足为好。

第二节　国际化，到国外去，到“一带一路”的市场中去

作者：金卫东

（编者序：编者将本文编入书中，目地是畜牧人的创新精神，紧跟形势，使畜牧业不断向前发展。这是禾丰集团董事长在北京

市饲料协会年会上的一段发言，编者有意介绍给读者和畜牧人，要走不断创新之路，使我国的畜牧业，向信息化、智能化、城市化的大农牧业发展，为畜牧业实现现代化而奋斗！）

“一带一路”的市场就和二三十年前的中国一样。和我的微信朋友圈有互动的人就知道，我最近经常出国，总是在国外，刚从菲律宾回来就去伊朗，伊朗回来后又去马来西亚，马来西亚后直接去的印度尼西亚，我两天前还在印度尼西亚，回来后来到这里，可以说是马不停蹄，日夜兼程。国外是怎么样的市场情况呢？印度尼西亚养鸡的女工月薪是300元人民币，这不就是25年前咱们的工资水平吗？

伊朗是一个被封闭、被封锁的国家，伊朗为了冲破封锁，给了投资者极优惠的条件，伊朗有8 000万人口，可是伊朗每个人每顿饭要吃半斤肉，相当于我们2亿人口的吃肉量。到了伊朗才知道，中亚的文明，甚至比我们中华文明更辉煌、更久远。我们的方块字实际极有可能来自人家的楔形文字，楔形文字有6 000年的历史。我国最早发现的甲骨文距今也不过3 000多年历史，而甲骨文是不是一个能够流利表达思想的文字呢？可能是介于符号和文字之间，楔形文字则可以在泥板上写成书信，送给远方的恋人。所以易中天说中国的文化没有五千年，我们过去有太强的民族自尊心，老夸大自己的文明。我在朋友圈里发了几个居鲁士、大流士的格言，仿佛就是今天的人权思想。还有拜火教讲的“诚信”：The goal is the one that is trust。翻译这句话大家可能觉得很简单，可是很难翻译好，我翻译成“唯信是求”，唯有诚信才是我的追求。

行万里路读万卷书。我不到伊朗，不知道异国他乡也有与我们相仿的习俗，我们的凤凰和伊朗几千年前雕刻的一样，也是涅槃而生，表达在火中重生的意思，发音和我们的凤凰基本上是一样的。我们的深宅大院或者官府门前都雕着一对石狮，中国历史上是没有狮子的，为什么会摆个石狮呢？这点说来极有可能说明我们的文明不是本源的，甚至我们人本身都有可能是从中亚、两河流域，从巴比伦地区甚至古埃及人迁徙过来的。如果我讲这些登到网上不得被板砖拍死吗？可是你去了之后就发现这是真的，很多很多诸如此类的冲击。

当我去印尼的时候，印尼有很多穆斯林，马来西亚有很多穆斯林，我们老以为这些人是外来的。可是当地人告诉我，这些穆斯林很多是郑和下西洋的时候留下的中国人，伊斯兰教是中国人传的，因为郑和本人就是回族，人称“三宝太监”。走出去，发现机会特别多，可是这也不是每家企业都能做到的。因为这要求你的文化理解力、语言沟通力，还有驾驭知识的能力。禾丰之前已经在印度、尼泊尔、朝鲜、俄罗斯 4 个国家有 7 个工厂，已经注资完毕要在菲律宾建禾丰的工厂，已经签约完毕将在伊朗建自己的工厂。我想这些播种都会在 3~5 年内有非常好的收获。如果说“十年树木，百年树人”，这些海外的投资起码也应该是五年以上，但这五年之前，你在做什么呢？禾丰的伊朗伙伴，他爸爸 15 年前就跟我们做生意，当爸爸去世的时候把儿子从德国叫回来，求你将来要找金卫东，要和金卫东合作，因为他是一个可信赖的人。

禾丰在菲律宾的合作伙伴，我在那里的时候能够深深地感受到他们深厚的情谊，他们都是刻苦努力奋斗成功的华侨。在离别的时候，兄弟四人让老三作为代表送给我一封信，这封信代表了他们兄弟四个最真的情谊。信的最后一段写到：我们向金总承诺，禾丰的利益就是我们的利益，我们决不允许任何人侵害禾丰的利益，不仅我们要做到，将来我们的侄子接班也要做到，并且也要像我们这样写下来。所以在这种五湖四海内广交朋友、广结良缘的过程中，我们收获的不仅仅是商业机会，也收获人生的很多幸福、很多期待。

第三节　紧跟旗帜，勇往直前

（作者序：我写出本文主要是介绍饲料企业的经营者和工作者们在生产第一线上，辛苦的劳动，与养殖户打成一片，获得双赢，不断创新发展的事迹。）

旗帜鲜明，紧跟旗帜，勇往直前，才能取得胜利。作为中特养人，就是要高举谭瑛老师的旗帜，因为他是光明的旗帜，是中特养人立于不败的旗帜，中特养人要高举旗帜，勇往直前，夺取更加辉煌的明天。

谭瑛，大家有目共睹，他不仅知识渊博，而且善于学习，在咱中特养的微信群里，几乎每天都有他的短文，还有他的技术讲座。每天都给予我们新鲜血液和空气；他不仅吃苦耐劳，而且能深入基层，与中特养的家人们一起走门窜户，深入到养殖户，为他们排忧解难；他不仅为人质朴善良，还谦虚做人，不张狂，不傲慢，他永远和大家在一起；他不仅对技术精益求精，深研细琢，而且以中特养独特的生物技术，引领“中特养”品牌的发展；他不仅思索在危难中的特种养殖如何发展，而且以 161 项目来带动特种养殖在低谷中继续前进！来起动我们中特养人为养殖户服务的干劲，来推动我们企业的发展！

所以说，谭瑛老师的旗帜，就是以生物技术来打造“中特养”这个饲料品牌，以 161 项目，使我们中特养人与特种动物养殖户凝聚在一起，使特种养殖业稳步向前发展，使养殖户有好的收益，使我们夺取更加美好的明天。下面我把谭瑛老师的两面旗帜分述如下。

一、生物饲料是战无不胜的法宝，是中特养人胜利的旗帜

北京中特养生物技术研究所有限公司，立足于生物发酵技术。这是谭瑛老师为之奋斗的重心，一心扑在毛皮动物生物发酵饲料的研究与发展，不断研究与创新。对生物饲料的研究，紧盯科技前沿开发新技术，站在毛皮动物这生物饲料的制高点，深挖掘生物饲料领域的“新产品”“精尖产品”，在毛皮动物生物饲料产品上，大有作为，成为毛皮动生物饲料行业的领导企业，做出自己优秀的品牌，如中特养牌的“开口料”“黄金组合”等产品，又开发并推出了“黄金乳”“胃肠康”“壮壮康”等新产品。“中特养”牌系列产品深受用户欢迎和喜爱，“中特养”牌产品，饲喂动物，使动物健康生长，特种动物的产品质量高，深受收购商的厚爱，给养殖户带来更好的收益。

产品的质量和效果，不在于价格高与低，应以给养殖户带来

的最后收益高低来评价。“中特养”牌生物饲料能提高养殖户的经济收入，是养殖户最信赖的产品。

比如，在2014—2015年承德张仁银狐养殖场的试验就说明了这个问题。证明“中特养”牌开口料给养殖户带来了很好的经济效益（此文已在中特养快讯103期登载报道）。中特养牌开口料适口性好，仔狐和种狐开始饲喂无异常反应，食欲好，食槽无剩余饲料。而且饲喂方便省人力，省能源，比自己配料（用玉米面、鸡架、鸡肠子等大锅煮饲料）的传统饲喂法的成本降低10%。与“中特养”牌开口料的对比试验结果表明，提高了种狐的生产性能，从发情配种，到生产产仔率、初生重、成活率、分窝仔重，比传统饲喂法效果更显著，饲养效果提高了11.5%。

另外，中特养产品在各地都有相应报道。报道用中特养产品饲喂的动物产品质量好，产品备受收购商的喜爱，抢着收，价格高，使养殖户的经济效益提高，“中特养”牌的生物饲料口碑越来越受养殖户的欢迎和使用。

“中特养”牌生物饲料品牌，是在谭瑛老师的带领下的科研团队，不断实践，不断创新，研究、设计出精良的配方，精细加工而产生的优质产品。在科星工厂有先进的现代化的生物发酵转换罐，从接种到发酵全过程都是自动化，产品无毒无公害，生物发酵过程能产生养殖动物所需的各种有益菌群，如酵母菌、芽孢杆菌、双歧杆菌，各种产菌群，发酵的生物产品根据不同种动物，不同生长阶段所需的不同需要量来配制，并与优质的全脂奶粉、鱼肝油、膨化的大豆、豆粕、玉米等，以及各种维生素、微量元素来配制，经现代化的设备标准化生产出适应不同种动物、不同生长阶段所配制动物所需的各种生物饲料，所有产品都经现代化的检验设备检测，保证产品质量合格才能出厂。使“中特养”牌的生物饲料进入动物肠道内，能产生足够的有益菌群，长期处于优势状态，促使动物免疫力增强，增加抗病力，减少疫病发生。提高饲料的利用率和消化率，满足动物所需的各种营养成分，促进动物生长和生产，节省饲料和饲料费用。吸收率高，减少排放量，从而也改善了饲养环境，减少废气排放、减少蚊蝇滋生和污染，使动物健康生产和生长，提高养殖户的经济收入。

二、161 项目这个独特的企业管理模式，更是中特养人为人民服务，深受养殖户欢迎的旗帜

自从 161 项目建立一年多以来，中特养人，在谭瑛老师的带领下，走门窜户，不管风吹雨打，日晒雨淋，他们守候在祖国各地，深入养殖户为他们服务，送技术、送饲料，诊治疫病，协助管理，为客户解决疑难问题，深受广大用户欢迎。

在谭瑛老师的带领下，抓住互联网这个新技术，建立微信群，用好这个好的纽带，办讲座，讲知识，讲技术，通过互联网，加强沟通，互动加深联系，疏通感情，交朋友，结识新战友；使中特养的技术得到普及，使越来越多的养殖户更了解中特养，认识了中特养，使更多的养殖户加入了 161，他们更加认识和了解了中特养的产品，提高了养殖户的养殖技术水平，使养殖户的收益年年增高，从而使养殖户更加信任中特养，使我们的队伍越来越大，161 项目使更多的养殖户得到更好的收益。最后我写一首短诗，献给大家。

“写给中特养人的歌”

(本人文笔短浅，写给中特养人的歌，赞不足矣!)

只做一只小鸟，尤似中特养人!

鸟生双翅，注定飞翔是命运；它翱翔的姿势出于自我!

动物的本能，成就美丽动感的曲线!

中特养人啊! 如一只小鸟，高高翱翔，降落栖息!

又腾空而起，滑行入轨!

中特养人啊! 跨过一个一个坎坷的路，渡过一道道难关!

创造出现代化的今天，打造出“中特养”这优秀品牌!

中特养人啊! 他们高举谭瑛老师的旗帜!

在161项目的指引下，高举生物饲料的旗帜!

不断拼搏，不断创新，勇往直前!

为祖国的特种养殖事业，向着信息化，迈向更加美好的明天。

使我们的事业走向更加辉煌! 而勇往直前!

同志们，让我们协手共进，为祖国的畜牧业不断创新，不断发展，使祖国农牧业的产业化、机械化，人民幸福美满的未来而努力奋斗!（以上小文是作者在中特养生物技术研究所有限公司和他的生产基地北京科星饲料有限公司年终总结会上的发言。)

杨海山

2017年2月27日

第三章

联合创新，热情为养殖户服务

第一节　顶天立地的大北农科技奖

在 2018 年 1 月 18 日，我闻讯参加第十届大北农科技奖暨新闻发部会，在北京国际会议中心隆重举行。有科技部、中国工程院、中国科学院、中国农业科学院以及全国各地知名农业院校的主要领导、院士、教授、知名专家、学者、各新闻媒体朋友等 300 余人出席参加本次会议。大北农董事长邵根伙博士在致辞中对大北农科技奖的未来发展寄予厚望，希望不忘初心，牢记使命，将大北农科技奖打造成具有公信力和权威性中国特色奖励品牌。他表示，大北农科技奖设立于 1999 年，是一项公益性奖项，宗旨是助推我国农牧业科技创新，推动农牧业现代化。这是多么顶天立地的事业。十届共有 394 项成果获奖。奖励金额共计 3 691 万元。大北农科技奖在我国农业科技领域有广泛影响力，对我国的农牧业实现现代化，将形成巨大的推动力。在这次大会上，大北农科技奖励委员会副主任委员，中国工程院戴景瑞院士对这届奖励奖项评审工作作了详细报告。通过严格筛选，层层把关，在评审委员会公平、公正、公开评审下，最终评选出十个奖项。包括植物育种、植物营养、植物保护、基因工程、动物育种、动物医学、水产科学、环境工程、智慧农业等奖项，本次共授发奖金960万元。这是中国企业授予奖金额最大，含金量最高的奖项。这是凝聚着大北农集团科教兴农，产业报国的光荣与梦想的奖项。必将使中国的农牧业持续创新，引领中国农牧业走向新时代，实现现代化、城市化，做出更大贡献！我在《平凡岗位上的华章——牧歌》中，已描述过邵根伙博士恳于助人，开拓进取的精神，是畜牧人的楷模，我写出这个项天立地的大北农科技奖的报告文，是显示出中国的农牧业实现现代化的路上不断创新，是在这一大批科学家们，在大北农出资推动下，引领祖国的农牧业的新时代实现现代化。但我报道简单，没有把祖国战斗在科技前沿的领导、院士、专家、教授和获奖者名字写出来，请读者谅解。

第二节　访　友

作者：谭　瑛

（编者序：我选写本文是为显现出在畜牧战线工作的专家、学者，抗严寒、顶风冒雪深入养殖第一线工作，扎扎实实真诚为养殖户服务的事迹，有了他们的努力，才有祖国畜牧业的发展，有了他们开拓进取精神，祖国的畜牧业才能实现现代化，使祖国的农牧民走向城市化，取得与城市人民一样的幸福生活，上面我所写的两篇文章不是渲染个人，更不是渲染一个企业，与本篇文合在一起看，这是代表我国畜牧人，在祖国畜牧业不断向前发展的大潮中，不断创新，不断奋发向前，不断奉献的拼搏精神，因为我了解太少，文笔又太浅，望读者和祖国畜牧战线的同事们谅解。）下面将谭瑛的原文登写如下。

感恩生命中遇到你。那是风雪交加的一天，我根据安排，来到胶东半岛，去拜见一名我十年没谋面的老朋友——胶东半岛银狐养殖大户沙老板。激动的心情溢于言表。

出发前，地上已经有20多厘米的积雪，而我还要翻过号称雪窝子的昆仑山。路上积雪覆盖了路沟，路面结冰打滑，艰险难行，但我坚定一个信念："一定要按时到达。"正是这一信念支撑着我一路前行最终顺利达沙老板的养殖场。

冒着严寒在屋外迎接我的沙老板，与我记忆中十年前一样的容貌。不善表达的我，内心十分开心，除了微笑，我没有过多的言语。我要求先看动物，沙老板领着我参观了他珍藏的皮张，亲自陪我查看动物情况，给我介绍打疫苗时候查情的情况。这些年取得的成果，养殖场从十年前刚刚新建到不断的扩建，完善……。如数家珍地给我分享着养殖过程中的各种成果，数据翔实，完整。我的内心乐开了花。从养殖场出来，我才留意到，热情的沙老板，把养殖场里面和停车场的积雪早早地收拾得干干净净，整整齐齐，空调早早打开，附近的同行朋友，早已经赶到。好客的沙老板，把我们让到屋里，倒茶，递烟，让坐……一会儿给我加水，一会儿陪我坐，我能感到沙老板愉悦的心情。

分享的时间到了，附近有影响力的养殖场的老板们从几十里外冒雪赶来。屋里摆的座位都坐满了，有的就挤着坐。我能感受到沙老板这十年，从一个毛皮动物新手，发展成当地的大户，成为一个能影响到周围大户，受人尊敬的高手，在毛皮动物行业，靠结果说话，用事实说话的行业，沙老板成功了。不仅是养殖规模大了，饲养结果得到周围人的认可。饲养效益越来越好，最开心的是沙老板也得到这个养殖圈里人的尊重。时间过得很快，当我意识到该离开的时候，天色已黄昏，我怀着依依不舍的心情对沙老板说："我还会来的！"看到沙老板越来越好，感受到沙老板的影响力这么大，看到十年的时光，在沙老板的面容上没有痕迹，由衷地开心和无限地幸福！我希望这个行业中更多的人生活得越来越好！我应该更加努力，让更多的人活得更好一点，让我们共同努力，让身边的人过得更好一点！

（编者文后序：让身边的人过得更好一点！这并不是豪言壮语，但这是多么恳切！谭瑛是畜牧兽医界的高端技术人才，博士学位，对毛皮动物的饲养管理、疫病防治、饲料营养等都有理论到实践的丰厚经验；他没有高级知识分子的架子，对人和气，不骄不傲；他一直在生产第一线，冒烈日，顶严寒，走门户，为养殖户服务，指导毛皮动物生产；他研究多项新技术，获得国家发明证书，特别是他的生物发酵技术用于毛皮动物饲料饲喂效果非常显著，使养殖户饲养的毛皮动物生长快，成活率高，发病率低，毛皮质量高，生产效益高，受到中国各地养殖户的欢迎！）

谭瑛简介：2006 留学俄罗斯获博士学位归国，创建北京中特养生物技术研究所有限公司，任总裁，专攻毛皮动物饲养管理，并研发毛皮动物生物饲料，获国家科技专利。中特养公司与北京科星饲料公司联合为生产基地。他深入养殖户，兢兢业业，获广大养殖户好评。

第三节 颂访友

曾经述写的文，曾经路过的山梁。
曾经坎坎坷坷，曾经严寒酷霜。
曾经疾风骤雨，曾经多少次奔波在路上。
是你依然坚强，因为心中充满希望。
你希望滑坡路上的特种养殖业，
在坎坷的路上重新奋起！
你希望更多的人活得更好一点。
让身边的人过得更好一点！
因为充满希望，是你依然坚强！
抚平岁月的创痕，翱翔长空！
这是你永远的向往。
不屈于命运，只为心中那不灭的梦想！
明知商海波涛汹涌，危机起伏！
可你还是毅然，勇敢地去闯！
扬起希望的风帆，去踏平那惊涛骇浪！
依旧燃烧着你的希望与梦想！
谱写出一曲蔚蓝色的畅想！

这是多么灿烂与辉煌！

读到你的文章，我久久不能平静！

我读了又读，把这文章定为访友。

把这访友一文永记心中。

我述不尽作者的情感和此文的含义，但我知道这是中特养人，在引领着中国特养行业顶风前行为特养人过得更好一点，为特养人活得更好一点。中特养的家人们！情未尽，业未了，前进的号角正在吹响，让我们整装待发！奔走在创业的大路上，为了特养人走向幸福的明天而奋勇向前！

第四节　农牧业向现代化转型科技创新是关键

我首先介绍一下众所周知的峪口禽业，它是七十年代组建，从匈牙立引进了全自动化蛋鸡养殖设备。当时我正在平谷县兽医站工作，主管平谷养鸡事业，当时我们的技术水平低，不会使用这套现代化的设备，只能按我们现有人力和技术水平安装进来的机械，选择应用来进行装鸡管理，养殖效益很低。经过四十余年奋斗的峪口禽业已是世界三大蛋鸡育种公司之一，现有原种鸡 6 万套，祖代种鸡 38 万套，父母代种鸡 450 万套，18 万吨饲料厂三座。年生产商品代雏鸡 2 亿 4 千万只，他们运用互联网思维开发设计的智慧蛋鸡 APP 已上纸交易。2017 年 8 月，峪口禽业与吉林金翼蛋品公司合作，峪口禽业利用规摸优势，品种高产优势集中调用同日龄种蛋，为金翼定制式入孵，并专车专用将 186 万只京系列雏鸡陆续安全送达吉林金翼！这是全进全出模式饲养高密度鸡群的一次巨大挑战。峪口禽业派 5 人技术服务队将峪口人 40 年的管理理念、养殖技术和疾病防控精髓，毫不保留地传授给金翼，金翼结合自身地理优势、设备优势、人员优势，融合峪口人的思想，充分掌握规模化全进全出的饲养技术，首批 115 万只鸡群便实现了全部上高峰。金翼是农业产业化国家龙头企业，是养殖、蛋品加工、生物工程、绿色食品开发，500 万只规模的产蛋鸡养殖基地，也是世界上最大的养殖基地。金翼与峪口禽业的强强联合，生产力发挥到极致，是规模化、现代化、高密度饲养的楷模！这显示中国的蛋鸡养殖业已走入新时代，走向世界的顶峰！让我们高举新时代不断创新的旗帜，为祖国的畜牧业走向智能化而奋斗。

农牧业的全面转型，这是目前以习近平为总书记的党中央提出的奋斗目标。就是使农牧业实现城市化。打造农牧业的全产业链，例如正大集团的“四位一体”模式等。主要目标是达到农牧业环保、绿色、安全，成为休闲、景观、文化传承的农牧业，是农牧民丰衣足食，欢乐幸福的美好愿景。

美好的未来是靠人们的智慧。科学技术创新是关键。例如北京昕大洋集团等企业的生物发酵饲料的创新，还有用中草药提取物防治动植物疫病等。

在这里不讲生物制剂和天然提取物的科技理论，它的作用是使动植物产品安全环保。生物发酵产品，它不仅使动物改善消化环境，促进食物全吸收，促进动物生长和保持健康体态，而且它的排泄物环保，可以直接用于农业种植。没有畜牧业就没有农业的发展，开国领袖毛泽东说过“猪多、肥多、粮多”。他也曾经在新中国成立初期说过影响养殖业的发展主要是“病多与草缺”，正是农牧业的相互关联，相互并存的关系，才促使科学家们的不断创新。农牧业使用生物发酵产品和中草药提取物防治动植物疫病，这些又环保、又安全，又使家畜产品增收的新的科技成果，会达到令人满意的结果。

这就是中国农牧业走向城市化的关键技术，这些新技术在动植物产业上的应用，不仅使产量增加，而且满足人民生活需要，在产品生产过程和食用产品过程中，安全、环保、无公害，不影响地下水源、不影响环境，生物技术环保，能直接处理粪污，能解决养殖场环境问题，操作简单，动物食用后，既促使动物增产增收又解决粪便异臭味和污染环境问题。给人民生活提供安全可靠、味美、营养丰富易消化的食用产品。祖国的农牧业的发展，是无数仁人志士的夙愿和期盼，让我们用中国经验、中国智慧产生中国方案，向着美好的未来前进！

第五节　热情为养殖户服务

——养殖户感想总结选编

编者序：选编以下两篇养殖户感想，目的是揭示技术人员深入养殖户，热情认真地为养殖户服务，亲临现场为养殖户诊疗动物疫病和传授科学饲养管理技术，彰显畜牧人的辛勤劳作，得到养殖户的认可和好评，使养殖户使用高新技术生产的生物饲料得到好的收益。

心得篇

作者　石家庄鹿泉——刘会彬

(1)

秋分留种公与母，
无忧康繁加上去。
按照粪便控料量，
降本增效它第一。

(2)

母种居中公偏上，
全靠饲喂把方向。
体重不用饥饿法，
稻糠麦麸料中粮。

(3)

配种阶段防应激，
猪狗猫鸡莫进区。
冷热声陌抓兽期，
应激康添度危机。

(4)

公种拒食母发慢，

壮壮康量加上去。
受孕二十五天后，
一直增添分窝期。

(5)

若有消化不好的，
大群料加杀菌剂。
少数就用康菌露，
胃肠康添调整齐。

(6)

光亮康添各时期，
孕母脱毛小崽益。
初配胚胎增毛囊，
冬毛光亮顾客喜。

(7)

大群配种结束期，
营养降低有利益。
常给孕母“敬礼”毕，
下崽检窝不怕你。

(8)

貂便应如笔根细，
又黑又润一寸长。
狐貉便圆润又黑，
一天不超五粒量。

(9)

小崽初滴康菌露，
肠胃健康伴一生。
提高幼仔成活率，
产量增加效益增。

(10)

净场消毒不可轻，
特养杀菌放心用。
省力节时喷体行，
每周一次不心痛。

(11)

勤观粪便投料量，
健康节食减病体。
特养产品添加好，
养殖方能增效益！

我的养殖心得

诸城市龙都街道高相村——祝洪祥

161群里的群友们，大家好！我是来自诸城的一名普通养殖户，从事毛皮动物养殖十几年了。由于前两年的行情一直低迷不振，我们大都是惨淡经营，无异于大海中失去了方向的一叶小舟，大都迷失了方向，对于毛皮动物养殖业的未来更是一片茫然。这时，雪中送炭之人——谭老师到来了！他系统地提出了“161项目”，及时点亮了灯塔，让我们养殖户重新找到了方向，看到了希望。在161项目QQ群中，通过听谭老师两天一次的讲课以及广大群友们的各种经验交流，让我对毛皮动物养殖有了更加深入的认知，现在感觉养起来更得心应手了。

我在家开了一个狐狸改良站，从事狐狸授精有七八年了。下面说一说我对狐狸发情鉴定和输精的一些小技巧。

发情鉴定我总结了以下几点：一抓、二看、三挤、四分。

首先是“抓”：看情需要先抓狐狸。抓住后，狐狸的尿多，一般情况来说发情还不行。当然不能一概而论，也有尿多发情好的。

其次是“看”：看狐狸的阴门外观。发情前期，阴部柔软、小；中期阴部红肿、大；后期大且柔软，颜色发暗。

再次是“挤”：用大拇指和食指捏住狐狸的阴门往前挤，看它的分泌物。分泌物颜色发黄而且黏稠是发情前期；分泌物颜色变淡而且透明就是该输精了。

最后是“分”：用大拇指和食指摁住阴门两侧，用力往两边分。分不开的属于前期；一分就开且见底并且里面颜色渐渐变白，也就是该输精了。

眼观看完后还可以通过显微镜下的观察来进一步确认狐狸是否该输精了。下面是我自拍的几张在显微镜下看到的角化细胞的照片。分别是：

当然每只狐狸不管是眼观还是镜检都不是一样的，还需要通过自己的细心观察和实践经验来确定这只狐狸是不是该输精了。

输精没啥技巧，就是胆大心细。首先一个人保定狐狸，输精

前期：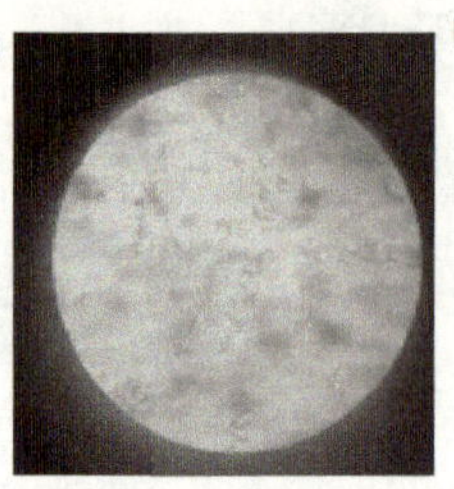 中期：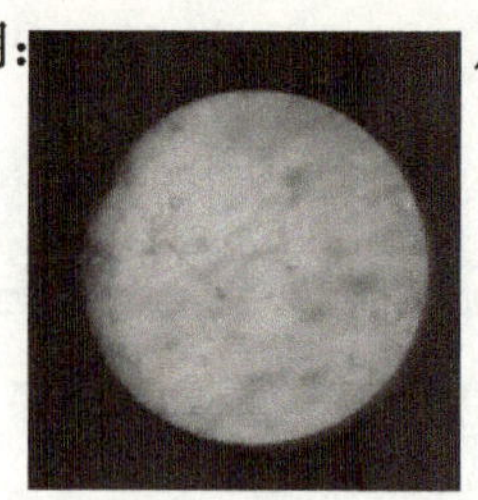 后期：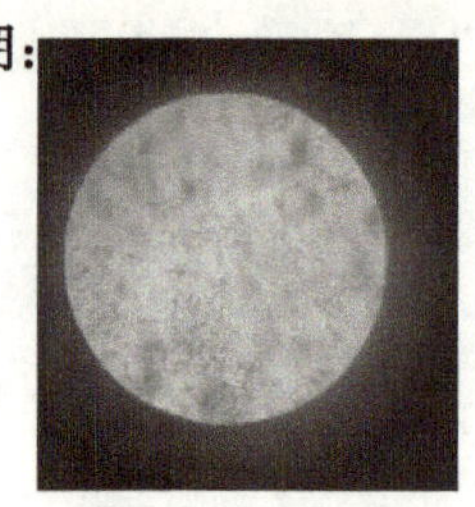

针套在扩张管里，把扩张管连同输精针一同插入狐狸阴道内。当扩张管往里插不动时，用左手在狐狸腹部摸到扩张管，在扩张管的前端感觉有一个小突起，有豆粒大小那就是子宫颈了。右手把扩张管往后稍微一退，把输精管往里推，左手能感觉到输精针的顶端，然后右手夹住输精针，以扩张管为支点拨动输精针，左右手相互配合把输精针插入子宫宫颈口，推入精液就输精完成了。狐狸的子宫宫颈每只都不一样，有大有小，有浅有深，只有通过多练习才能熟练掌握。

在 161 群里，卧虎藏龙的养殖前辈们有很多。以上观点均是个人见解，欢迎大家批评指正，互相交流，共同进步！希望在谭老师的带领下，在 161 群里大家的互帮互助下，在自己坚持不懈的努力下，咱们都能规避风险，赚得大钱，实现完美人生！

结束语

畜牧业进入新的历史转型期，生态化、规模化、标准化、智能化成为改革的主攻方向

一、畜牧向着生态化发展

保护资源，保护生态，实现种养结合是畜牧业向着生态化发展的必然态势。必须转变传统养殖观念，将畜禽类污综合利用纳入生态涵养区建设，形成“有机饲料→有机粪污（无害化处理）→有机农业→有机农产品”的循环发展模式，将畜牧业进种植区，进果园、菜园、鱼塘，使污水和粪便无害化处理再利用，反哺粮田、果品、蔬菜和养殖。在这同时，必须开展科技创新，提高畜牧科技服务水平和改善服务功能。

二、实现规模化、工厂化是实现生态养殖的关键

必须打破家庭经营小散养殖模式，以龙头企业合作社等模式，

形成规模化养殖，建立健康优良品系，采用智能化、现代化的管理方式，充分发挥工业化、专业化、集约化、信息化的优势，提高畜牧业生产效率，实现种养结合生态化。

在这同时，畜禽良种繁育、动物防疫、饲料兽药无害化和畜牧兽医科技创新服务是实现规模化、生态化、智能化生产的关键；生产企业的创新和政府职能部门的创新结合是当前急需跟上形势发展的需要。

三、崭新的现代畜牧业

正像正大集团的“四位一体”的发展模式，峪口禽业与吉林金翼的联合，所产生规模化、工厂化，利益于农民，利益于生态发展，这正是中国智慧的发展模式，大畜牧业、大农业，信息化的中国农牧业正在向前发展。更要走向世界，在“一带一路”中前进，如同禾丰集团等企业一样。

四、畜牧人要沿着先烈和前辈们的革命印迹前进，使祖国的畜牧业快步走向现代化而不懈奋斗

本文第一部分主要写出抗日战争时期，解放战争时期，畜牧人走上抗击日本帝国主义的革命路及为解放全人类而奋斗的片段。第二部更表现畜牧人为我国畜牧业发展而创新，使畜牧业走上现代化、信息化的奋斗的片段。第三部分描述科技创新，使畜牧业实现智能化，为人类谋幸福之路！

不管是政府职能部门的公务员们的辛勤服务，坚守在岗位上，还是科研单位的科学家们的日益精心的研究发明与创新，日夜工

作在岗位上。不管是走在“一带一路”上的畜牧人，远离祖国奔波在世界各地。不管是飞在支疆支藏远离家乡的畜牧人。更不管是在“四位一体”的祖国大农牧业的新产业链里，不管是在创业的畜牧人……还有那文化出版业和科学院所，在教育战线的教授，专家学者们！

总之，为了祖国大农业、大畜牧业走向产业化、智能化而奋斗的人们，他们正是伟大领袖毛泽东主席所作诗篇所说：

为有牺牲多壮志，敢教日月换新天。

喜看稻菽千重浪，遍地英雄下夕烟！

农业和畜牧战线的祖国优秀儿女们，让我们一代接一代地努力奋斗，为走进新时代祖国的农牧业实现现代化、产业化、智能化而贡献自己的一切！

写在本书后边的诗

（新时代开拓者的华章——牧歌一书有感）

作者　杨海山

一、寒春，阳早红似火

寒春，阳早红似火，如风卷烈火。
似如燕子在双飞，燕飞空中在呢喃。
为人民幸福而浩瀚，多么光辉而灿烂。
追求信仰在枝头琴弹，为求解放全人类。
在中国放牛六十年，全心全意为人民。
寒春，阳早红似火，扬起畜牧人的风帆。
无私奉献在牛场！在激荡改革开放烈焰中。
燃起中国梦的号角，在神州上空呼唤！
拒腐蚀永不沾，为了人类得幸福。
奋斗在人间沸腾，为中国江山红遍！
你们不为在美国，脱离独厚的生活与学业。

更不为研制核武害人，而保自己舒适的生活！
寒春，阳早红似火，辉煌灿烂的人生。
是畜牧人的骄傲，世人永远赞叹！

二、黎明前的畜牧人

我写文有些犹豫，只因文笔短浅。
述不清前人的故事，写不尽前人的业绩。
一黎明前的畜牧人，踏着布满荆棘的山路！
穿过一座座山峰，
进入敌人封锁线迈过日寇挖断交通的大壕沟，
顶着敌人的围堵，冒着日寇的枪林弹雨，
却无所畏惧，一直拼搏着前进！
是他们在困境中，为八路军送情报，送军粮！
是你们送子参军打日寇！一个牺牲再送一个去抗日！
是你们，在困境中发展中共党员，建立地下交通站！
抗日事迹述不完，我只能呼吁，先驱们，
我们只能沿着你们的脚印走！
坚定信仰，为解放全人类而奋斗！
在祖国的大地上，农牧民走上城市化！
与城市人民一样，过上人人幸福的生活。

三、新时代开拓者的华章

真爱畜牧写诗歌，至诚痴迷养殖业。
华夏畜牧求发展，归去牧人献终生。

中华儿女苦奋斗，开创历史新篇章！
平凡岗位来奉献，光辉事迹写诗篇！

四、赞开创者

君入脏臭畜舍细钻研，喜看今朝畜舍空气鲜。
科技创新干到底，猪壮鸡鸣吻心甜。
骄骄唯有科技者，智能机械走在先。
创新科技结硕果，天宫王母宴群仙。

五、赞写牧歌人

风烈牧业赞叹焉，更有困难乱纠缠！
日日夜夜无所怨，天天奋斗有谁怜？
落后面貌都改变，现代化养殖真不凡。
难得英雄披展露，后世子孙万代传。

六、赞现代化

春光四月桃花鲜，艳压群芳祈福天。
瞭望牧人迈步远，现代牧业喜人间。
集约规模智能化，农村城镇紧相连。
峪口禽业位居首，正大牧业红遍天。
推进农牧科技化，大北农奖在前沿。
更有禾丰大牧业，遍地开花勇向前。
农牧迈向城市化，幸福生活万年传。
农牧走向新时代，后人传接永向前。

读后感

2018年春节刚过，海山同学将他的新作——“新时代开拓者的华章——牧歌”送给我“审阅”。我认真仔细地拜读了一遍。使我肃然起敬，我和他是60年代北京劳大畜医同班同学，如今都是七十多岁的老人了。我退休后休闲在家，他却仍然痴衷于畜牧业的文字整理工作。其心可赞，其功可颂。不难看出，为撰写此书，他花费了很大的心血，做了大量的搜集、挖掘、整理编纂工作，实在是难能可贵，书中内容更是弥足珍贵。

众所周知，畜牧业是农业的重要组成部分，畜牧业的发展是关系“三农”战略的实施，关系小康社会的建成，更是关系民生的大事。新中国成立以来，党和国家十分重视畜牧业的发展，特别是改革开放以来，我国的畜牧业有突飞猛进的变化，取得了令人瞩目的成就。

海山同学自毕业后一直坚守在畜牧兽医战线，几十年来，对工作兢兢业业、任劳任怨，以他顽强的拼搏精神和创新精神取得了显著的成就，为平谷乃至全国的畜牧业发展作出了重大贡献，很值得从事畜牧业工作的同行向他学习，向他致敬！

我曾在畜牧战线工作20年，对书中的人物事迹感同身受，倍感亲切，似曾有相同的经历。在此，我对已故的同行表示怀念，对健在的同行表示祝福！

谨祝海山同学的新作尽早面世，让同行们继承书中人物的宝贵精神，让我国畜牧业有更大、更好的发展。

读者：许朝明

2018年3月8日于平谷